믿음의 선한 싸움

네비게이토 선교회는
국제적이며 복음적인 기독교 기관이다.
예수 그리스도께서는 자기를 따르는 자들에게
"너희는 가서 모든 족속으로 제자를 삼으라"
(마태복음 28:19)는 지상사명을 주셨다.
네비게이토 선교회는 세계 모든 국가에서
예수 그리스도의 일꾼들을 배가시켜
이 지상사명의 성취를 돕는 것을
근본 목표로 하고 있다.

네비게이토 출판사는
네비게이토 선교회의 문서 선교를 담당하고 있다.
본 출판사에서는 그리스도인의 영적 성장을 돕는
서적과 자료들을 출판하여,
그리스도인의 삶의 기초가 견고한
헌신된 제자로 성장하게 하고,
나아가 성숙한 인격과 지도력을 갖춘
일꾼이 되도록 돕고 있다.

Translated by permission
Title originally published in English as
KEEPING OFF THE CASUALTY LIST
Copyright © 1986 by SP Publications, Inc.
Korean Copyright © 1988, 2020
by Korea NavPress

믿음의 선한 싸움

KEEPING OFF

THE CASUALTY LIST

리로이 아임스
LeRoy Eims

네비게이토  출판사
TO KNOW CHRIST AND TO MAKE HIM KNOWN

차 례

제Ⅰ부 : 영적 전쟁
　1. 전 투 ··· 9
　2. 세 상 ··· 25
　3. 육 신 ··· 41
　4. 마 귀 ··· 67

제Ⅱ부 : 적의 집중 공격
　5. 새 신자 ··· 85
　6. 제 자 ··· 103
　7. 일 꾼 ··· 123
　8. 지도자 ··· 139

제Ⅲ부 : 승리의 전략
　9. 헌 신 ··· 161
　10. 훈 련 ··· 179
　11. 영적 배가 ·· 195
　12. 순 종 ··· 207

제 I 부

영적 전쟁

1

전 투

비참한 광경이었습니다. 수백 대의 각양각색의 자동차들이 서로 뒤엉켜 거대한 쓰레기 더미를 이루고 있었습니다. 한때는 모두 의기양양하게 거리를 달렸고, 주인의 충직한 발이 되어 주었으며, 주인에게 즐거움을 안겨 주었을 것입니다. 저 차들을 타고 할아버지, 할머니 댁에도 가고, 휴가를 맞아 여행도 가고, 일터로도 가고, 경기장에도 갔을 것입니다. 그리고 주인의 삶을 보다 편하고 즐겁고 안락하게 해 주었을 것입니다. 그러나 이제는 아무 데도 쓸데없습니다. 이제는 버려진 채 볼품사나운 고철 덩어리가 되어 버렸습니다.

그 폐차장을 지나면서 또 하나의 장면이 떠올랐습니다. 하나님의 일을 위해 놀라운 잠재력을 지니고 있음에도 불구하고, 저 폐차들과 같이 되어 버린 사람들입니다. 한때는 성령의 쓰임을 받아 그리스도를 증거하며, 기도하며, "곤핍한 자를 때에 맞는 말로 도와주던" 사람들이었습니다(이사야 50:4). 그러나 이제는 아무것도 하지 않고 있습니다. 그들의 인생길에서 도중에 뭔가 사고가 있었습니다. 이제는 더 이상 하나님께 쓸모가 없습니다. 그리스도를 증거하던 그들의 입술은 침묵을 지키고, 그들의 기도 생활 역시 중단되었습니다. 하나님과 동행하던 일들은 이제 단지 옛날의 추억거리일 뿐입니다.

우리는 이런 사람들을 주위에서 흔히 만납니다. 한때는 주님을 위해 열심히 일하고, 영적으로 아주 장래가 촉망되던 사람들이었습니다. 그러나 이제는 주일 아침이면 집에서 잠을 자거나, 집안 청소를 하거나, 차를 닦습니다. 교회의 모임에 초대를 받으면 한결같이 모두 변명을 하기 시작합니다. 그들의 영적 삶의 불은 아주 약하게 타고 있어서 그 불이 타고 있는지조차 모를 지경입니다.

이런 이야기를 들으면 우리는 깜짝 놀랍니다. 그러나 이는 깜짝 놀라서 될 일이 아닙니다. 이것은 우리를 슬프게 합니다. 우리 모두의 관심을 불러일으키며, 정신을 바짝 차리고 자신을 살펴보게 하며, 주님과의 동행하는 삶이 올바로 되어 있는지를 점검하게 합니다. 우리 주위에서는 매일 매 순간 영적 전투가 치열하게 벌어지고 있습니다. 성경 말씀은 계속해서 이 사실을 이야기함으로써 우리의 경각심을 불러일으키고 있습니다. 정신을 바짝 차리지 않으면 '사상자 명단'에 들게 됩니다.

비무장 지대는 없다

전쟁에는 항상 사상자가 생기게 마련이라고 역사는 말합니다. 화살, 탄환, 포탄, 총검, 그리고 기타 파괴적인 무기에 의해 사상자가 생기지 않은 전쟁이 과연 있었는지 의문입니다. 전투가 벌어져 서로 싸우게 되면 으레 사상자가 생기는 법입니다.

그리스도인의 삶은 하나의 전투입니다. 신약성경을 보면 실제로 군사 용어가 많이 나옵니다. 바울은 "선한 싸움을 싸웠습니다"(디모데후서 4:7). 디모데에게 "믿음의 선한 싸움을 싸우라"(디모데전서 6:12), "전에 너를 지도한 예언을 따라 그것으로 선한 싸움을 싸우라"(디모데전서 1:18)라고 명했습니다. 또한 이렇게 권면했습니다. "네가 그리스도 예수의 좋은 군사로 나와 함께 고난을 받을지니, 군사로 다니는 자는 자기 생활에 얽매이는 자가 하나도 없나니 이는 군사로 모집한 자를 기쁘게 하려 함이라"(디모데후서 2:3-4).

바울은 고린도 성도들에게 "의의 병기"에 대해 말했습니다(고린도후서 6:7). 그리고 데살로니가 성도들에게는 이렇게 말했습니다. "우리는 낮에 속하였으니 근신하여 믿음과 사랑의 흉배를 붙이고 구원의 소망의 투구를 쓰자"(데살로니가전서 5:8). 바울은 에베소 성도들에게 그 전투에 대하여 자세하게 말했습니다.

우리의 씨름은 혈과 육에 대한 것이 아니요 정사와 권세와 이 어두움의 세상 주관자들과 하늘에 있는 악의 영들에게 대함이라. 그러므로 하나님의 전신갑주를 취하라. 이는 악한 날에 너희가 능히 대적하고 모든 일을 행한 후에 서기 위함이라. 그런즉 서서 진리로 너희 허리띠를 띠고, 의의 흉배를 붙이고, 평안의 복음의 예비한 것으로 신을 신고, 모든 것 위에 믿음의 방패를 가지고 이로써 능히 악한 자의 모든 화전을 소멸하고, 구원의 투구와 성령의 검 곧 하나님의 말씀을 가지라. 모든 기도와 간구로 하되 무시로 성령 안에서 기도하고, 이를 위하여 깨어 구하기를 항상 힘쓰며, 여러 성도를 위하여 구하고, 또 나를 위하여 구할 것은 내게 말씀을 주사 나로 입을 벌려 복음의 비밀을 담대히 알리게 하옵소서 할 것이니, 이 일을 위하여 내가 쇠사슬에 매인 사신이 된 것은 나로 이 일에 당연히 할 말을 담대히 하게 하려 하심이니라. (에베소서 6:12-20)

이 모든 것을 통해서 볼 때 분명한 사실은 하나의 영적 전쟁이 진행 중에 있다는 것입니다. 우리는 모두 그 전쟁에 참여하고 있습니다. 후퇴하여 후방 부대에서 한자리를 얻어 보려고 애써 봐야 아무 소용이 없습니다. 영적 전쟁에서는 후방이라고 더 안전한 것이 아닙니다. 오히려 사탄의 표적이 되기가 쉽습니다. 가장 안전한 곳은 바로 최전선입니다. 주님께서 거기에 계시기 때문입니다. 우리의 크고 작은 몸놀림까지도 하나하나 인도하여 주시는, 구원의 지휘관이신 우리 주님과 함께 있는 것이 제일 안전합니다. 위험은 늘 있습니다. 그러나 주님 안에는 참안전이 있습니다.

적

우리 아들 랜디가 일곱 살 때쯤이었습니다. 어느 날 동네 빈터에서 아이들과 놀고 있었습니다. 아이들이 데리고 나온 강아지 한 마리가 갑자기 큰 소리로 짖기 시작했습니다. 그런데 짖는 소리가 아무래도 심상치 않았습니다. 악을 쓰고 짖어 댔다가 낑낑거리기도 했다가 맹렬히 짖기도 했습니다. 평소와는 뭔가 이상하고 달랐습니다.

강아지가 짖는 소리가 아무래도 이상했던지 아이들의 엄마 중 하나가 밖으로 나와서 왜 그런지 알아보았습니다. 방울뱀 한 마리가 빈터로 미끄러져 가고 있었습니다. 뱀은 예사 방울뱀이 아니었습니다. 오래되고 살찐 긴 방울뱀이었습니다. 아이들은 아무것도 모르고 뱀을 구경하러 모여들었습니다. 그러나 강아지는 자지러지듯이 짖어 댔습니다. 지혜롭게도 엄마가 아이들을 모두 재빨리 집 안으로 들여보내고 남편을 불렀습니다. 그러자 남편이 나와서 뱀을 처치했습니다.

사도 요한은 에덴동산에서 인류에 대한 공격을 시작한, 더욱더 위험한 "옛 뱀"에 대하여 우리에게 경고했습니다. "큰 용이 내어 쫓기니 옛 뱀 곧 마귀라고도 하고 사단이라고도 하는 온 천하를 꾀는 자라. 땅으로 내어 쫓기니 그의 사자들도 저와 함께 내어 쫓기니라"(요한계시록 12:9). 그 "옛 뱀"은 우리의 적입니다. 어떤 그리스도인들은 이 사탄의 공격에 져서 사상자 명단에 올라 있습니다. 바울은 선교 사역을 하는 가운데 실제로 이런 일이 일어나는 것을 목격하였습니다. 그는 디모데에게 이렇게 말해 주었습니다. "아시아에 있는 모든 사람이 나를 버린 이 일을 네가 아나니 그중에 부겔로와 허모게네가 있느니라"(디모데후서 1:15). 부겔로와 허모게네, 이 두 사람은 주님에게까지 등을 돌린 것은 아닐 것이며 믿음은 유지했으리라 생각합니다. 그러나 그들의 영적 지도자 바울을 등지고 떠난 그들이 이전보다 더욱더 주님을 위해 일하며 열매 맺는 삶을 살았을까요? 아마 그렇지 못했을 것입니다. 그들은 근근이 자신의 믿음만을 지킬 뿐이었습니다. 왜냐하면 부겔로와 허모게네에 대하여 언급하는 바울의 말 속에는 슬픔과 그들에 대한 안타까움이 숨어 있기 때문입니다. 그들은 더 이상 주님의 일에 쓰임받지 못하는, 쓸모없는 존재가 되어 버렸습니다.

오늘날 우리도 역시 이런 일을 종종 목격합니다. 잠시 동안은 겉보기에 교회에 열심히 참석하여 활동합니다. 그러나 어떤 이유로 서서히 열심이 식고 이따금 모임에 빠지기도 합니다. 영적인 일에 서서히 관심이 식기 시작합니다. 그래서 그에게, "신앙생활을 그런 식으로 해서 되겠느냐?"라고 하면, 그는 즉시로 자기도 주님을 믿고 있다고 말합니다. 그렇습니다. 그는 여전히 믿고 있습니다. 그러나 성경 말씀을 공부하지도 않습니다. 그는 목사님도 훌륭한 분이며 교인들도 모두 훌륭하다고 생각합니다. 그러나 이미 정상적인 그리스도인의 삶을 살고 있는 것이 아닙니다. 영적 전쟁에서 사상자가 되어 있는 것입니다. 하나님의 나라에 더 이상 쓸모가 없게 되어 버렸습니다.

왜 이런 일이 생깁니까? 어떤 이들은 인내가 요구될 때 인내하지 못하고 포기해 버림으로써 용두사미로 끝나 버립니다. 그들은 아무 책임도 지지 않으려고 합니다. 책임 맡는 것을 달갑지 않게 생각하며 짐스러워합니다. 전쟁터에서 병사가 자기 책임을 맡지 않으려 한다거나 자기 위치를 이탈하는 것은 벌써 그 자체가 문제인 것입니다.

주님의 일에는 열심이 식어 버린 사람들이 종종 세상적인 일에서는 발전을 보이기도 합니다. 그들은 주님의 일에 열심이 식어 버린 것을 이 세상의 일에 열심을 냄으로써 자신에게 보상하려고 합니다. 그들은 승진하며, 더 많은 월급을 받으며, 더 좋은 차를 삽니다. 부자 동네로 보란 듯이 이사하고, 새로운 친구들을 사귑니다. 평범한 차를 몰고 평범한 집에서 평범하게 살고 있는 평범한 사람들과 어울리기를 꺼립니다. 그들은 이 세상의 것에 가치관을 둔 사람들과만 어울릴 뿐 주님의 백성과 거의 만나지 않으며, 천국 시민으로서의 자기 신분도 망각하고 삽니다.

포 기

히브리서 12:12-13에서는 많은 그리스도인들이 사상자 명단에 들게 되는 또 하나의 이유를 들고 있습니다. "그러므로 피곤한 손과 연약한 무릎을 일으켜 세우고 너희 발을 위하여 곧은 길을 만들어 저는 다리로 하여금 어그러지지 않고 고침을 받게 하라."

전쟁터에 있는 한 병사를 마음에 그려 보십시오. 그는 방패와 검으로 무장하고 있습니다. 그러나 문제가 있습니다. 양팔은 힘이 하나도 없이 축 늘어져 있으며, 양 무릎은 금방이라도 쓰러질 듯이 휘청거리고 있습니다. 사기는 땅에 떨어져 있습니다. 낙심의 먹구름이 마음을 온통 뒤덮고 있습니다. 그는 싸울 의욕을 상실했습니다. 왜 이렇게 되어 버렸을까요? 다음의 경고를 잊었기 때문입니다. "너희가 피곤하여 낙심치 않기 위하여 죄인들의 이같이 자기에게 거역한 일을 참으신 자를 생각하라"(히브리서 12:3). 그는 그리스도로부터 눈을 떼었고, 그 대신 자기의 문제, 두통거리, 여러 가지 압력을 바라본 것입니다.

피곤하고 낙심한 병사는 아무리 무기가 좋다 하더라도 별 쓸모가 없습니다. 믿음의 방패는 적이 쏘아 대는 절망의 불화살을 막아 낼 수 있으며, 성령의 검은 적을 능히 물리칠 수 있습니다. 그러나 의심과 낙심은 너무도 막강하여 병사를 무기력하게 만들어 버리며, 나아가 방패와 검을 아무 쓸데없는 거추장스러운 무거운 짐으로 만들어 버립니다. 군에 갔다 오지 않은 사람들도 이것을 잘 알 것입니다. 제2의 생명이라고 하는 소총도 자기 몸이 너무 힘들 때는 버리고 싶은 마음이 간절해집니다. 이런 경우에는 자기 몸에 지니고 있는 모든 게 단지 짐일 뿐입니다.

그러나 고난과 난관에 부딪힐 때 모든 그리스도인이 포기하는 것은 아닙니다. 어떤 그리스도인들은 남들이 다 포기할 때도 계속 앞으로 나아갑니다. 성령의 능력으로 오히려 역경을 통하여 그 믿음이 더욱 강해집니다.

이상하지 않습니까? 같은 것이 어떤 사람들은 더욱 강하게 하고, 어떤 사람들은 약하게 합니다. 어떻게 해서 그런 차이가 생길까요? 그 차이는 우리가 그것에 어떻게 반응하느냐에 있습니다. 우리에게 닥친 역경에 올바로 반응한다는 것이 거저 되는 것은 아닙니다. 피나는 훈련을 거친 병사라야 실제 전투에서 자기에게 닥친 역경에 올바로 대처하듯이, 영적 전쟁에서도 평소 그리스도인으로서의 기본적인 삶을 매일 신실하게 살아온 사람들만이 역경에 올바로 대처할 수 있게 됩니다. 훈련받지 않은 병사는 적의 공격을 받으면 당황하고 두려움에 사로잡힙니다. 훈련되지 않은 그리스도인도 마찬가지입니다. 평소 그리스도인으로서의 기본적인 삶을 소홀히 해 온 사람들은 사탄의 공격에 너무도 쉽사리 굴복하고 맙니다. '내가 비록 평소 훈련을 별로 하지 않았지만, 적이 공격해 오면 나도 잘 싸울 수 있어' 하고 생각한다면 스스로 속고 있는 것입니다.

그러므로 우리가 영적 전투에서 사상자가 되느냐 안 되느냐 하는 것은 거의 대부분 우리 자신에게 달려 있습니다. 당신이 하나님께 쓸모없게 되느냐 계속 쓸모 있는 존재가 되느냐 하는 것은 당신의 믿음의 발걸음에 달려 있습니다. 당신이 예수님을 바라보며 믿음으로 나아갈 때, 절름거리며 힘없이 걸어가던 사람들은 당신을 보고 도전을 받아 용기를 얻고, 그들도 역시 예수님을 바라보며 힘차게 믿음의 진군을 계속할 수 있게 됩니다.

잘못된 환상과 이탈

전쟁터에서는 으레 도망병이 있게 마련입니다. 전쟁은 아름다운 낭만이 아니라 차디찬 현실입니다. 많은 사람들이 다치고 죽어 갑니다. 순간순간 위험이 닥쳐옵니다. 그래서 어떤 병사들은 도망칩니다. 예수님 역시 이것을 겪으셨습니다. 사도 요한은 그 사건을 이렇게 기록했습니다. "이러므로 제자 중에 많이 물러가고 다시 그와 함께 다니지 아니하더라"(요한복음 6:66).

그들은 왜 떠났을까요? 예수님을 따른다는 것이 그들이 처음 생각했던 것과 너무나 다르다는 것이 분명해졌기 때문입니다. 그들은 예수님의 "어려운 말씀"을 예상치 못했습니다(요한복음 6:60). 그들은 예수님의 말씀을 감당할 수가 없었습니다. 그래서 예수님을 떠났고, 전에 그들의 공허한 삶을 차지하고 있던 그 옛날의 관심으로 되돌아가 버리고 말았습니다. 우리 중에도 그런 사람들이 많이 있습니다. 주님의 제자로 따른다는 것이 처음에 너무도 아름답게만 생각되어 주님을 따르기로 결심합니다. 그러나 그들은 주님의 제자로 따르기 위해서 치러야 할 값에 대해서는 전혀 생각해 보지도 않았습니다. 마침내 주님의 제자로 따르기 위해 값을 치러야 하는 시점에서는 감당치 못하고 떠나 버립니다.

따라서 우리는 사람들에게 예수님을 영접하라고, 또는 그리스도의 주재권에 굴복하고 제자로 따르라고 권면할 때 그들에게 진실을 보여 주어야 합니다. 그리스도인의 삶 또는 제자의 삶에 대하여 올바른 모습을 보여 주어야 하는 것입니다. 우리는 거짓 모습을 보여 주어서는 안 됩니다. 그리스도를 영접하기만 하면 삶의 모든 문제가 다 해결되고 다시는 문제가 없게 될 것이라고 믿게 해서는 안 됩니다. 우리가 경험을 통해 아는 것은 그리스도인 역시 삶을 살 때 오르락내리락 하는 것이 정상이라는 것입니다. 그리스도인의 삶이 아무 문제가 없는 평탄한 삶은 아닙니다. 그리스도인이 된 이후에도 문제는 여전히 있습니다. 삶에서 겪는 여러 가지 문제에서 면제된 그리스도인은 아무도 없습니다.

나는 친구인 월터 헨릭슨과 여러 해 전 이 진리를 깊이 경험한 적이 있습니다. 우리는 어느 대학교에서 함께 일주일을 보내면서 그리스도를 증거했습니다. 어느 날 밤 우리는 많은 사람들 앞에서 복음을 전했습니다. 복음을 다 전한 후 한 교수가 일어서더니 한 가지 질문을 했습니다. "내가 그리스도인이 되면 나의 모든 문제가 해결됩니까?"

"아니요"라고 우리는 대답했습니다.

그는 다시, "병이나 아픔을 당하지 않습니까?" 하고 물었습니다.

우리는 역시 "아니요"라고 대답했습니다.

비슷한 질문을 몇 가지 더 한 후 그는 이렇게 말했습니다. "그러면 신앙이 무슨 소용이 있습니까? 왜 그리스도께로 나아갑니까? 그리스도인이라고 해서 불신자들보다 나은 게 하나도 없는데 말입니다."

물론 그의 말은 잘못되었지만, 우리는 그의 말에 대답하는 과정에서 올바른 그리스도인의 삶에 대하여 명확하게 설명할 기회를 얻었습니다. 그 모임을 통하여 몇 사람이 그리스도를 영접했습니다. 그리고 그들은 그리스도를 영접한다는 것이 무엇을 의미하는지를 명확하게 이해하고서 그리스도를 영접했습니다. 그들은 자신의 새로운 삶 속에서 무엇을 기대할 수 있는가를 알았습니다. 우리는 사람들에게 그리스도를 영접하는 결단을 하도록 하기 위해서 그리스도인의 삶에 대하여 거짓된 설명을 해서는 안 됩니다.

이탈의 가능성을 알고 있으면 그 문제를 다루는 데 도움이 됩니다. 사도 바울은 디모데에게 이 문제에 대해서 말해 주었습니다. "그러나 성령이 밝히 말씀하시기를 후일에 어떤 사람들이 믿음에서 떠나 미혹케 하는 영과 귀신의 가르침을 좇으리라 하셨으니"(디모데전서 4:1). 바울이 이 말을 한 의도는 무엇일까요? 분명한 것은 디모데를 실망시키려는 것이 아닙니다. 디모데는 성령께서 바울에게 보여 주신 이 이탈의 문제를 대처할 준비를 해야 했습니다. 이 이탈의 문제에 대해서는 성령께서 바울에게 "밝히" 말씀하실 만큼 중요했습니다.

두 사상자 이야기

영적 전투에서 사상자가 되는 또 하나의 원인은 '쓴 뿌리'입니다. 어떤 부인이 있었습니다. 그 부인은 교회학교에 열심히 참여했습니다. 자기가 속한 학급의 서기로까지 봉사했습니다. 그런데 어느 주일 아침 공과 시간에 교사가 어떤 주제를 다루었는데, 그 주제는 그 부인의 마음을 괴롭히고 있던 주제였습니다. 부인은 교사의 말에 기분이 상했습니다. 그 말은 계속 머리에서 떠나지 않았고 이로 인해 평안을 잃었습니다.

그 부인은 공과 시간에 계속 나왔지만 예전과 같이 않았습니다. 태도가 변했습니다. 불평거리가 될 만한 것은 하나도 놓치지 않고 다 찾아내어 불평했습니다. 교사는 그 부인에게 기쁨이 없다는 것을 알고 평안을 찾게 해 주려고 했지만 아무 소용이 없었습니다. 부인은 교사에 대하여 쓴 뿌리를 키워 갔습니다. 그것은 점점 자라 아주 커졌습니다. 마침내 교회학교에 나오지 않았습니다. 그러더니 몇 달 후에는 교회마저도 나오지 않았습니다. 마귀는 싸움을 이기기 위해서 쓴 뿌리를 사용했던 것입니다.

또 하나의 예를 들겠습니다. 훌륭한 교회학교 교사 한 사람이 있었습니다. 그는 교회학교의 정식 교사는 아니었지만, 여러 반에서 대리로 가르쳤기 때문에 모든 반에 잘 알려져 있었습니다. 어느 날이었습니다. 교회학교에서 가장 크고 이름난 반 중의 하나를 맡고 있는 교사가 먼 곳으로 이사할 예정이어서 교사직을 그만두게 되었으며, 그래서 후임자를 구하고 있다는 소식을 들었습니다.

그 사람은 정말로 그 교사직을 원했습니다. 그는 몇 사람에게 자기는 교사를 잘할 수 있으며, 또한 교사가 되기를 매우 원하고 있다고 말했습니다. 그러나 후임 교사직은 다른 사람에게로 돌아갔습니다.

그 사람은 화가 났습니다. '당연히 내가 뽑혔어야 하는데' 하고 생각했습니다. 잠시 동안 교회학교에 계속 나왔습니다. 그러더니 종종 빼먹기 시작했습니다. 마침내 교회학교에 나오지 않았고 급기야 교회까지도 떠났습니다. 내가 알고 있기로, 그는 자기의 손상된 자아와 상처 입은 자존심을 치료하며 세월을 보내고 있습니다. 또다시 마귀는 쓴 뿌리를 사용하여 쓸모 있는 한 일꾼을 곁길로 빠지게 했습니다.

우리를 그리스도의 일에 쓸모없게 만들어 버리는 것으로는 쓴 뿌리, 물질주의, 낙심, 그리고 기타 여러 가지가 있습니다. 그러나 성경에는 이에 대한 예방책과 치료책이 나와 있습니다. 이는 오랜 경험에 의해 그 효과가 입증된 것들입니다. 앞으로 각 장을 통하여 우리를 주님의 일에 쓸모없게 만들어 버리는 원인과 해결책을 살펴보기로 하겠습니다. 먼저 세 가지 중요한 적을 살펴보고, 그것이 각 성장 단계에 있는 그리스도인들을 어떻게 공격하는지 알아본 다음, 우리가 그것과 싸우기 위해서는 무엇을 해야 하며, 또 무엇을 할 수 있는지를 살펴보기로 하겠습니다.

적을 아는 것은 전쟁의 첫걸음입니다. 지금 전쟁이 치열하게 진행 중입니다. 그리고 우리는 그 한가운데에 있습니다.

2
세 상

참으로 장관이었습니다. 우리가 올라간 곳은 거대한 로키 산맥의 한 줄기였습니다. 우리는 산에 높이 올라 황금 카펫 위를 내려다보고 있었습니다. 드넓은 산에 황금빛 사시나무 잎들이 9월의 햇빛을 받아 반짝이고 있었습니다. 모퉁이를 돌 때마다 새로운 장관이 펼쳐졌습니다. 갈수록 더욱 아름다워졌습니다. 때때로 문자 그대로 황금빛 세계 속에 깊이 빠져드는 느낌이었습니다. 그 황금빛 바다는 하나님의 놀라운 솜씨를 잘 보여 주고 있었습니다. 우리는 그 아름다움에 그만 반해 버렸습니다.

그날 산을 내려와 집으로 돌아오는 길에 아름다웠던 옛 추억들을 떠올렸습니다. 하와이의 일몰 광경, 뉴질랜드 밀포드사운드의 아름다움, 자카르타와 반둥 사이의 기차 차창을 통해서 내다본, 뜨거운 열기를 내뿜는 인도네시아의 밀림, 모나코 궁

전에서 바라본 지중해, 모두 하나님께서 우리에게 보여 주신 참으로 아름답고 멋진 광경이었습니다.

우리는 또한 인간이 만든 훌륭한 작품들도 사랑했습니다. 플로리다주의 삼나무 숲, 인도네시아의 계단식 논, 루브르 박물관, 멕시코의 피라미드, 디즈니랜드, 버킹엄궁, 링컨 기념관 등을 생각했습니다.

집에 가까이 왔을 때 나는 이 땅의 아름다움을 사랑하는 것이 "이 세상이나 세상에 있는 것들을 사랑치 말라"(요한일서 2:15)라는 사도 요한의 경고에 과연 해당되는가 하고 큰 의문에 잠겼습니다. 사시나무를 보고 경탄하고, 버킹엄궁을 보고 놀라고, 지중해의 장관을 보고 거기에 매료되는 것이 죄인가? 요한이 우리에게 그토록 힘주어 경고했던 "세상"이 바로 이것인가?

우리는 그날 그 질문에 대한 답을 얻지는 못했지만 이 문제에 대해서 성경 말씀을 살펴볼 기회를 얻게 되었습니다.

세 상

요한이 사용한 "세상"이라는 말은 헬라어로 "코스모스"인데, 그 말은 "조화로운 관계"를 의미하고 있습니다. 그 말 속에는 "질서"라는 개념이 들어 있습니다.

태초에 하나님께서는 세계를 질서 있게 창조하셨습니다. 하나님께서는 거기에 한 남자와 한 여자를 두시고, 모든 만물과 인간이 하나님의 은혜와 영광을 드러내도록 계획하셨습니다. 그러나 오늘 신문의 머리기사만 한번 훑어보아도 이 세상이 창조주 하나님을 거역해 왔다는 것을 금방 알 수 있습니다. 문제는 그것이 에덴동산에서 아담이 범죄할 때부터 시작되었다는 사실입니다. 성경은 이렇게 말합니다. "이러므로 한 사람으로 말미암아 죄가 세상에 들어오고"(로마서 5:12). 이어 19절에는 한 사람의 순종치 아니함으로 많은 사람이 죄인이 되었다고 말씀하고 있습니다. 그로부터 하나님의 질서 있는 세계는 무질서하게 되었고, 마귀의 손아귀에 꽉 붙잡혀 있게 되었습니다.

사도 요한은 온 세상은 악한 자의 지배 아래 있다고 말합니다(요한일서 5:19). 따라서 요한이 세상에 대하여 말할 때, 이 세상이라는 말 속에는 나쁜 의미가 들어 있습니다. 그것은 하나님께서 창조한 그대로의 세상이 아닙니다. 계속 하나님께 불순종하고 있는 세상입니다. 황금빛 사시나무나 링컨 기념관이 아니라, 타락한 세상 시스템이요 현재의 악한 세대를 가리킵니다.

하나님께서는 이런 세상에 자기 외아들을 보냈습니다. "그리스도께서 하나님 곧 우리 아버지의 뜻을 따라 이 악한 세대에서 우리를 건지시려고 우리 죄를 위하여 자기 몸을 드리셨으니"(갈라디아서 1:4).

"이 악한 세대(세상)"에 살고 있는 인간의 두 가지 특징은 교만과 탐심입니다. 교만한 사람은 자기가 피조물이라는 사실을 받아들이려 하지 않으며, 자신이 "만물의 척도"가 되기를 원합니다. 완전히 자유롭게 자기 자신의 일을 하며, 자기가 원하는 대로 살기를 원합니다. 그리하여 자기 나름대로의 선악의 기준을 만듭니다. 무엇이든지 자기에게 좋다고 느끼는 것은 옳다고 선언합니다. 인간은 하나님께서 계획하신 질서를 파괴해 버렸습니다. 그런데 이러한 혼돈과 혼란이 오늘날의 "질서"라고 하니 이상하고 놀랄 일이 아닙니까?

탐심 가운데 있는 인간은 자기의 육체적 감각을 기쁘게 하는 것은 무엇이든지 소유하려는 타고난 본능을 가지고 있습니다. 성경은 이 탐심이 바로 우상 숭배라고 말하고 있습니다(골로새서 3:5). 지중해나 디즈니랜드처럼 그 자체로는 잘못된 것이 아닐 수도 있는데, "위엣 것"(골로새서 3:1)보다 그것에 더 마음이 쏠려 있을 때가 잘못인 것입니다. "그러므로 너희가 그리스도와 함께 다시 살리심을 받았으면 위엣 것을 찾으라. 거기는 그리스도께서 하나님 우편에 앉아 계시느니라. 위엣 것을 생각하고 땅엣 것을 생각지 말라. 이는 너희가 죽었고 너희 생명이 그리스도와 함께 하나님 안에 감취었음이니라. 우리 생명이신 그리스도께서 나타나실 그때에 너희도 그와 함께 영광 중에 나타나리라"(골로새서 3:1-4).

이 세상의 영

고린도전서 2:12에 보면 "세상의 영"에 대하여 언급하고 있습니다. 인간이 이 세상의 영의 속박으로부터 해방될 수 있는 유일한 길은 예수 그리스도로 말미암아 자유케 되는 것입니다. 예수 그리스도의 나라는 이 세상에 속해 있지 않기 때문입니다. "그러므로 아들이 너희를 자유케 하면 너희가 참으로 자유하리라"(요한복음 8:36). 우리가 회개와 믿음으로 그리스도께로 나아갈 때 우리는 다시 태어나며, 교만과 탐심의 죄로부터 해방됩니다.

성경은 이렇게 말합니다. "대저 하나님께로서 난 자마다 세상을 이기느니라. 세상을 이긴 이김은 이것이니 우리의 믿음이니라. 예수께서 하나님의 아들이심을 믿는 자가 아니면 세상을 이기는 자가 누구뇨?"(요한일서 5:4-5). 예수 그리스도께서 우리의 삶을 다스리실 때 비로소 우리는 이 세상의 영을 이길 수 있습니다. "자녀들아, 너희는 하나님께 속하였고 또 저희를 이기었나니 이는 너희 안에 계신 이가 세상에 있는 이보다 크심이라"(요한일서 4:4). 우리가 그리스도의 주재권에 굴복되어 있을 때만 이 세상에 만연되어 있는 교만과 탐심을 이길 수 있습니다.

이 성경 말씀을 볼 때 분명한 것은 우리 자신의 결심만으로는 이 세상의 영이나 이 세상의 매력적인 것에 대한 우리의 사랑을 극복할 수 없다는 것입니다. 종교의식, 차가운 율법주의,

금욕주의 또는 은둔 생활 등은 아무런 효과가 없습니다. 여기에는 생명이 빠져 있기 때문입니다. 어떤 사람의 표현을 빈다면, "강력한 구속력이 있는 새로운 사랑의 강한 힘"만이 세상을 이길 수 있습니다. 하나님에 대한 사랑만이 이 세상에 대한 사랑을 이기는 것입니다.

하나님에 대한 사랑은 또한 그리스도의 제자로 하여금 그리스도의 명령에 순종하여 복음을 가지고 이 세상 속으로 나아가게 합니다. "너희는 온 천하에 다니며 만민에게 복음을 전파하라"(마가복음 16:15). 그리스도에 대한 사랑은 제자로 하여금 현 세상을 진실로 있는 그대로 바라보게 해 줍니다. 이 세상은 그가 소망할 만한 대상도, 또한 본받을 만한 대상도 아니요, 예수 그리스도의 치료하시며 깨끗케 해 주시는 손길이 필요한 세상이라는 사실을 깨닫게 해 줍니다. 그리스도인은 승리의 확신을 가지고 세상으로 진군할 수 있습니다. 지금 이 세상의 영에 무릎을 꿇고 있는 모든 사람이 어느 날엔가 그리스도께 무릎을 꿇게 될 것을 알기 때문입니다. "하늘에 있는 자들과 땅에 있는 자들과 땅 아래 있는 자들로 모든 무릎을 예수의 이름에 꿇게 하시고 모든 입으로 예수 그리스도를 주라 시인하여 하나님 아버지께 영광을 돌리게 하셨느니라"(빌립보서 2:10-11). 그리스도인은 다음과 같은 날을 고대하고 있습니다. "세상 나라가 우리 주와 그 그리스도의 나라가 되어 그가 세세토록 왕 노릇 하시리로다"(요한계시록 11:15).

데마의 슬픈 예

데마. 나는 차라리 그에 대하여 안 들었으면 합니다. 그러나 그는 성경에 나와 있습니다. 데마는 이 세상의 유혹하는 힘을 계속 생각나게 해 주는 인물입니다.

바울은 디모데후서 4장에서 데마가 떠나간 사실을 그저 사실적으로 담담하게 적고 있을 뿐이지만, 이 사실을 적는 바울의 마음속에 큰 아픔과 고통이 있었을 것이라고 생각합니다. "데마는 이 세상을 사랑하여 나를 버리고 데살로니가로 갔고"(디모데후서 4:10). 데마는 바울의 동역자였습니다. 마가, 아리스다고, 누가와 같은 유명한 인물과 함께 언급되어 있기도 합니다(빌레몬 1:24). 데마는 훈련된 십자가 군병이었으나 이제는 도망병이 되었습니다.

그는 어디로 도망갔습니까? 무엇이 그의 마음을 사로잡아 길을 잘못 들게 했습니까? 세상입니다. 아마도 처음에는 번쩍이는 것들로 가득 찬 세상이 아니었을 것입니다. 적어도 처음에는 그랬을 것입니다. 그러나 여하튼 교만 또는 탐심의 작은 씨앗이 마음속에 싹이 트고 뿌리를 내리고 자랐습니다. 남모르게 조용히 무럭무럭 자랐습니다. 서서히 그의 생각을 지배하기 시작했습니다. 마침내 그의 전 생각을 장악하게 되었습니다. 그는 세상을 사랑하게 되었습니다. 짐을 꾸려 이 세상의 것들을 향해 발걸음을 돌렸습니다. 아마 다음 말씀이 마음에 걸렸을 것입니다. "네가 그리스도 예수의 좋은 군사로 나와 함께 고난을 받을지니, 군사로 다니는 자는 자기 생활에 얽매이는 자가 하나도 없나니 이는 군사로 모집한 자를 기쁘게 하려 함이라"(디모데후서 2:3-4).

 데마는 기대했던 행복을 찾았을까요? 거기에 대해서는 들은 바가 없습니다. 그러나 다음 성경 말씀을 통해서 볼 때 그렇지 못했을 것입니다. "부하려 하는 자들은 시험과 올무와 여러 가지 어리석고 해로운 정욕에 떨어지나니 곧 사람으로 침륜과 멸망에 빠지게 하는 것이라. 돈을 사랑함이 일만 악의 뿌리가 되나니 이것을 사모하는 자들이 미혹을 받아 믿음에서 떠나 많은 근심으로써 자기를 찔렀도다"(디모데전서 6:9-10).

 여기에서는 부자들에 대하여 이야기하고 있는 것이 아닙니다. 부자들에 대하여는 나중에 17-18절에서 권면하고 있습니다. 여기에서는 "부하려 하는 자들", "돈을 사랑하는 자들"에게 경계하고 있습니다. 이들은 이 세상의 것에 마음이 쏠려 있는 자들입니다. 돈에 대한 사랑을, 우리를 걸려 넘어지게 하는 '올무'로 비유하고 있습니다. 이 세상의 것을 사랑하는 사람은 마귀의 유혹에 걸려 넘어가 올무에 걸립니다. 마침내 탐심은 상처를 입히고 그 상처는 일시적인 것이 아니라 영원한 결과를 가져옵니다.

돈, 쾌락, '행복한 삶'

많은 성경 말씀이 돈에 대한 사랑을 경고하고 있습니다. 어떤 이는 가룟 유다와 은전 30냥을 생각할 것입니다. 또 어떤 이는 "자색 옷과 고운 베옷을 입고 날마다 호화로이 연락하는" 어떤 부자를 생각할 것입니다(누가복음 16:19). 그 부자는 돈으로 살 수 있는 것은 무엇이든지 샀습니다. 옷장에는 멋진 옷이 가득 차 있었습니다. 삶은 파티의 연속이었습니다. 그는 죽은 후 지옥에 갔습니다.

우리는 이렇게 물을 수도 있을 것입니다. "좋은 옷을 입고 좋은 음식을 먹는 게 무슨 죄인가요? 부유한 것도 죄인가요?" 좋은 옷을 입고 좋은 음식을 먹는 것 자체가 죄는 아닙니다. 내가 알고 있는 어떤 큰 부자는 아주 경건한 그리스도인입니다. 그는 그야말로 주님께 헌신되어 있고, 후히 드리는 삶을 살고 있으며, 그리스도 중심의 삶을 살고 있습니다. 또한 그리스도를 힘 있게 증거하는 삶을 살고 있습니다.

앞에서 이야기한 누가복음 16장의 그 부자도 내가 알기로는 부정한 방법으로 돈을 벌었다거나 또는 사람들을 쥐어짜서 돈을 모은 것이 아닙니다. 열심히 일해서 부자가 되었습니다. 그의 문제는 간단했습니다. 그는 이 세상의 것에 눈이 멀어서 삶의 진실을 보지 못했다는 것입니다. 그의 재산과 쾌락이 하나님을 잊게 했습니다. 그의 죄는 옷과 음식에 있다기보다는 이 세상의 영에 지배당한 데 있습니다. 이 세상의 영이 그의 마음과 생각 전부를 지배하고 있었습니다.

부 자체는 죄가 아닙니다. 누가복음에 언급된 아브라함 역시 부자였습니다. 그리고 그는 죽은 후 하늘나라에 갔습니다. 그러나 "어떤 부자"는 빌립보서 3:18-19에 나와 있는 바로 그런 사람이었습니다. "내가 여러 번 너희에게 말하였거니와 이제도 눈물을 흘리며 말하노니 여러 사람들이 그리스도 십자가의 원수로 행하느니라. 저희의 마침은 멸망이요 저희의 신은 배요 그 영광은 저희의 부끄러움에 있고 땅의 일을 생각하는 자라." 야고보서 4:4에서는 이것을 다른 말로 표현하고 있습니다. "간음하는 여자들이여, 세상에 벗된 것이 하나님의 원수임을 알지 못하느뇨? 그런즉 누구든지 세상과 벗이 되고자 하는 자는 스스로 하나님과 원수 되게 하는 것이니라." 다른 곳에서는 이것이 우상 숭배로 불립니다(골로새서 3:5 참조). 여기에서는 간음이라 불리고 있습니다. 부정한 배우자처럼 주님을 떠나 세상과 짝한 것입니다.

선지자 예레미야는 이와 같이 하나님을 버리고 우상에게로 가 버린 자들에 대하여 경고하고 있습니다.

> 그러므로 내가 여전히 너희와 다투고 너희 후손과도 다투리라 여호와의 말이니라. 너희는 깃딤 섬들에 건너가 보며 게달에도 사람을 보내어 이 같은 일의 유무를 자세히 살펴보라. 어느 나라가 그 신을 신 아닌 것과 바꾼 일이 있느냐? 그러나 나의 백성은 그 영광을 무익한 것과 바꾸었도다. 너 하늘아, 이 일을 인하여 놀랄지어다. 심히

떨지어다. 두려워할지어다. 여호와의 말이니라. 내 백성이 두 가지 악을 행하였나니 곧 생수의 근원되는 나를 버린 것과 스스로 웅덩이를 판 것인데 그것은 물을 저축지 못할 터진 웅덩이니라. (예레미야 2:9-13)

이 구절을 보면 하나님을 버린 이 어리석고 죄악 된 일을 하늘이 놀라서 지켜보고 있다고 말하고 있습니다. 이 땅은 한결같이 너무나도 부패하여서 자기가 잘못된 줄을 전혀 보지 못하고 있습니다. 이 세상의 영은 아마도 이 이탈자들을 칭찬할 것입니다. 그러나 하나님의 천사들은 사람들이 회개하고 하나님께 돌아올 때는 기뻐하지만, 사람들이 하나님께 그들의 등을 돌리는 것을 보면 정녕 깜짝 놀라며 두려워할 것입니다. 터진 웅덩이를 위해 영원히 샘솟는 생수의 근원을 팔아 버리는 행위를 생각해 보십시오. 마른 목을 축이려고 그 터진 웅덩이에 가 봐야 아무것도 얻지 못하고 불쾌한 냄새가 코를 찌르는 더러운 찌꺼기만 발견할 것입니다. 이런 거래는 무모합니다. 그리고 위험합니다.

우리가 부와 쾌락 속에서 행복을 얻으려고 한다면 그것들이 터진 웅덩이라는 사실을 발견할 것입니다. 그것은 겉으로는 좋게 보입니다. 그러나 세상의 속이는 능력은 잘 알려져 있습니다. 예수님께서는 세상의 행사를 악하다고 증거하셨습니다(요한복음 7:7).

시편 기자는 또한 "행복한 삶"이 물질적인 것속에서 발견되지 않는다는 사실을 잘 알고 있었습니다. "여러 사람의 말이 우리에게 선을 보일 자 누구뇨 하오니, 여호와여 주의 얼굴을 들어 우리에게 비춰소서. 주께서 내 마음에 두신 기쁨은 저희의 곡식과 새 포도주의 풍성할 때보다 더하니이다. 내가 평안히 눕고 자기도 하리니 나를 안전히 거하게 하시는 이는 오직 여호와시니이다"(시편 4:6-8). 행복한 삶을 살기를 바라며 세상에 매인 사람들을 우리는 봅니다. 그들은 "곡식과 포도주의 풍성함"에서 행복을 찾습니다. 그러나 시편 기자는 다르게 봅니다. 그는 하나님의 복을 원합니다. 하나님과의 친밀한 교제 속에 행복한 삶이 있음을 발견합니다.

쉽지는 않다

네 명의 젊은이가 중창단을 조직했습니다. 그들은 모두 기독교 계통의 학교에 다니는 대학생이었고, 모두 주님을 섬기는 일에 헌신되어 있었습니다. 훌륭한 음악가인 그들은 곧 점점 널리 알려졌습니다.

어느 날 밤 국영 TV의 뮤지컬 프로의 한 관계자가 어느 크리스천 연주회에서 그들이 노래하는 것을 듣고 가창 테스트를 제의했습니다. 그들은 그 제의에 응했습니다. 어쩌면 이 기회를 통해서 주님을 증거하는 문이 더 넓게 열릴지도 모른다고 믿었습니다. 마침내 그들은 그 프로그램에 출연할 수 있게 되었습니다. 매우 유명해졌습니다.

무척 바빠졌습니다. 여기저기서 공연 요청이 들어왔습니다. 화려한 무대에도 자주 서게 되었습니다. 어떤 때는 클럽 같은 곳에서도 공연을 했습니다. 조금씩 조금씩 그들의 기본적인 동기가 변했습니다. 그리스도를 증거할 기회를 찾기보다는 자신들의 경력을 쌓을 길을 찾기 시작했습니다. 토요일 밤늦게까지 공연하는 일이 잦아지면서 주일날 예배에 빠지기 시작했습니다. 주일 아침에는 늦도록 잠을 잤습니다. 세상의 멋지고 번쩍거리는 것들이 그들을 현혹시켰습니다. 여러 가지 파티와 모임이 그들의 삶을 지배하기 시작했습니다. 마침내 그들은 "과속인생"을 달리며 위험과 자극적인 일로 가득 찬 생활에 재미를 붙였습니다.

세상적인 성공을 위해 줄달음치면서 교회에 나가는 것도, 성경을 읽는 것도, 기도하는 것도 완전히 중단했습니다. 그리스도인의 교제에 열심히 참여하는 대신 세상 사람들과 어울렸습니다. 세상은 그들을 튼튼하게 파 놓은 함정으로 인도했습니다. 그들의 기독교적 가치관은 서서히 허물어졌습니다.

이 세상의 유혹에 저항한다는 것은 쉽지 않습니다. 이 세상의 시스템은 항상 우리를 노리며, 우리를 세상의 틀 속에 집어넣으려고 합니다. 그리고 우리의 마음을 세상의 가치관에 매어 놓으려고 합니다. 그러므로 우리 편에서 반 마음으로 저항해서는 세상을 이기지 못할 것입니다. 철저한 근본적인 대책이 요구됩니다. 성경은 그 대책을 간단명료하게 제시합니다. "우리는 세상에 대하여 십자가에 못 박히고 세상은 우리에 대하여 십자가에 못 박혀야 한다"는 것입니다(갈라디아서 2:20, 6:14). 이중으로 십자가에 못 박히는 것입니다. 우리는 그리스도의 십자가를 아주 영광스럽게 여겨야 합니다. 왜냐하면 우리는 십자가에 못 박히셨다가 다시 사신 그리스도로 말미암아 이생에서 기쁨을 누릴 뿐 아니라 영원한 소망을 가질 수 있게 되었기 때문입니다. 바울은 갈라디아서 6:14에서 "내게는 우리 주 예수 그리스도의 십자가 외에 결코 자랑할 것이 없다!"라고 말했습니다.

그러나 이런 시야를 유지하기란 쉽지 않습니다. 한번은 아내와 함께 최근 건축 기술의 기적적인 발전상을 보기 위해 주택 전시회장에 간 적이 있는데, 거기서 이런 시야를 유지하기가 얼마나 어려운지를 깨달았습니다. 열두 채 정도의 집이 전시되어 있었습니다. 모두 참 아름다웠습니다. 우리는 하나하나 구경하면서 이런 생각을 했습니다. '야, 이런 집에서 살면 얼마나 좋을까? 선교 사역을 더 효과적으로 할 수 있지 않을까? 시간을 절약하게 해 주는 가재도구와 편의 시설을 갖춘 최현대식 부엌을 가지면 얼마나 좋을까? 언제라도 틀면 더운물이 나오는 이 커다란 욕조, 멋지고 완벽한 시설을 갖춘 휴게실, 정말 멋있는 집이다.'

그 전시장을 떠날 즈음에 아내가 어느 선교사의 편지에서 아시아의 어떤 형제 자매들은 단칸방에 산다는 이야기를 읽은 적이 있다는 말을 했는데, 그 말이 나의 머리를 흔들어 현실로 돌아오게 하였습니다. 우리에게는 널찍한 집이 있다는 것에 대해 하나님께 감사드렸습니다. 그리고 영적이지 못한 헛된 망상에 잠시라도 빠진 것에 대해 하나님의 용서를 구했습니다.

그렇습니다. 이 세상은 매력적입니다. 우리 중의 어느 누구도 세상의 유혹에 면역되어 있는 사람은 없습니다. 그러나 우리는 승리에 이르는 열쇠를 가지고 있습니다. 승리는 우리보다 덜 행복한 사람들과 비교하는 데 있는 것이 아니라 우리 주 예수님의 생활 방식을 그대로 따라 사는 데 있습니다. 주님께서는 머리 둘 곳도 없으셨습니다. "우리 주 예수 그리스도의 은혜를 너희가 알거니와 부요하신 자로서 너희를 위하여 가난하게 되심은 그의 가난함을 인하여 너희로 부요케 하려 하심이니라"(고린도후서 8:9). 주님께서는 하늘의 아름다운 집을 떠나 죄로 저주받은 이 세상에서 다른 사람들을 섬기는 종으로서의 삶을 택하셨습니다.

바울은 세상의 것에 대하여는 죽었습니다. 그리스도의 능력이 그로 하여금 세상의 가치관을 버리게 했습니다. 세상은 바울을 좋아하지 않았고, 바울은 세상에 대하여 찬탄을 보내지도 않았습니다. 바울은 이미 죽은 사람으로서 세상의 아첨과 싫어함을 초월하여 살았습니다. 우리도 역시 이런 마음을 지녀야 하며, 그것을 얻는 가장 빠른 길은 십자가 밑에 나아가 십자가를 바라보는 것입니다. 그리스도에 대한 우리의 사랑이 더욱 커지면 커질수록 이 세상의 눈부시고 번쩍거리는 것들에 대한 우리의 관심은 점점 줄어들 것입니다. 그리스도의 고난을 더욱 생각할수록 점점 더 사상자 명단에 들게 될 확률이 줄어들 것입니다. 십자가에 못 박히는 것은 힘듭니다. 그러나 그것은 이 영적 전쟁에서 승리에 이르는 유일하고 확실한 길입니다.

내가 그리스도와 함께 십자가에 못 박혔나니 그런즉 이제는 내가 산 것이 아니요 오직 내 안에 그리스도께서 사신 것이라. 이제 내가 육체 가운데 사는 것은 나를 사랑하사 나를 위하여 자기 몸을 버리신 하나님의 아들을 믿는 믿음 안에서 사는 것이라. (갈라디아서 2:20)

3
육 신

"**전**쟁은 지옥이다"라는 옛말은 아마도 과장된 말 같습니다. 예수님께서 지옥에 대하여 하신 말씀을 보면 지옥은 그 어느 것과도 비교할 수가 없습니다. 하지만 "전쟁은 지옥이다"라는 말 속에는 전쟁은 무섭고 위험하고 잔학하고 늘 불안하게 한다는 의미가 내포되어 있습니다. 전쟁터에 있는 사람들의 심장은 고독에 떨고, 향수병에 걸려 있으며, 집에서 온 편지를 종이가 닳아서 글씨가 안 보일 때까지 읽고 또 읽습니다. 그리고 물론 많은 사람들이 부상하고 죽습니다.

제2차 세계대전에 참전한 사람으로서 나는 이러한 것을 대부분 경험했습니다. 그 전쟁에서 부상을 당하기도 했습니다. 영화 같은 데서 보는 낭만적인 전쟁이 아니라 전쟁의 실상을 직접 체험했습니다. 전쟁터에서 나에게 가장 힘이 되었던 것은 이 전쟁이 언젠가는 반드시 끝날 것이라는 사실이었습니다. 만일 죽지 않고 살아남는다면 사랑하는 가족 품으로 돌아갈 것입니다. 우리는 전쟁이 언젠가는 끝나리라는 희망을 안고 살았습니다. 경계를 풀고 편히 쉬며 밤에도 편히 잠을 자며 웃고 떠들 수 있는 그날이 오기를 고대했습니다. 그 전쟁이 영원히 끝나지 않을 것이라는 생각은 생각만 해도 끔찍한 것이었습니다.

그러나 결코 끝날 것 같지 않은 전쟁이 있습니다. 베드로는 이 전쟁에 대해 말합니다. "사랑하는 자들아, 나그네와 행인 같은 너희를 권하노니 영혼을 거스려 싸우는 육체의 정욕을 제어하라"(베드로전서 2:11). 이 전쟁 역시 수많은 사상자를 남기는 치열한 전쟁입니다.

육체의 압력

베드로는 그의 편지를 읽는 성도들을 "나그네와 행인"이라고 부르고 있습니다. 우리의 본향은 하늘나라입니다. 우리는 이 땅에서는 나그네요 길손 같은 사람들입니다. 우리의 본향인 천국을 향해 나아가는 나그네요 순례자입니다.

베드로는 이 구절 바로 앞인 10절에서 성도들을 "하나님의 백성"이라 했고, 9절에서는 "택하신 족속, 왕 같은 제사장들, 거룩한 나라, 그의 소유된 백성"이라고 했습니다. 이러한 호칭은 그야말로 높은 칭호입니다. 그러나 최고의 칭호를 가진 사람들일지라도 그들 주위의 이방인들의 관습을 삼가야 한다고 베드로는 경고합니다. 우리는 늘 이 경고를 유념해야 합니다.

불신자는 단지 이 세상의 시민일 뿐이요, 자연적으로 그는 자신의 육체적 정욕의 충동에 이끌려 삽니다. 그러나 하늘나라 시민권을 가진 그리스도인은 더 높은 법의 지배를 받습니다. 그러므로 우리는 이 외국 땅에서 일시적인 거류민으로 머무를 때, 영적 전투에서 우리의 능력을 손상시키는 것은 아무것도 해서는 안 됩니다. 우리가 육체의 정욕에 복종하게 될 때 그것이 무엇이든지 간에 그것은 우리를 사상자 명단에 한 걸음 더 다가가게 하는 것입니다.

육체의 정욕에 굴복하는 것은 어느 누구에게나 일어날 수 있습니다. 한 사업가가 있었습니다. 그는 경건한 기업가로서 기독교계에서 가정생활 상담자로서 권위가 있었고 지역사회에서도 크게 존경을 받고 있었습니다. 그런데 어느 날 갑자기 아내와 이혼하고 비서와 결혼할 예정이라고 발표했습니다. 그를 아는 사람들은 충격을 받았으며 분노했습니다. 친구들은 그를 설득하려고 애썼지만 아무 소용이 없었습니다. 그의 마음은 이미 결정되어 있었던 것입니다. 그 결정이 아내와 자녀들, 그리고 그 도시에서의 복음 전파에 어떤 영향을 미칠 것인가는 그에게 중요하지 않았습니다. 그는 자신이 하고 있는 일이, 자기가 믿고 가르쳐 온 것과는 반대되는 것이라는 사실도 인정했지만 그것도 아무 소용이 없었습니다. 아무튼 그는 자기의 결정을 고집했습니다.

그의 문제는 무엇입니까? 불순종입니다. 육체의 정욕의 압력에 항복한 것입니다. 오늘날 그는 사실상 하나님의 나라에는 쓸모없는 "사상자"가 되었습니다. 그의 행동은 친구들에게 마음의 아픔을 주었고, 가족들에게는 큰 슬픔과 굴욕감을 주었으며, 그 지역의 많은 불신자들이 하나님께 나아오는 데에 걸림돌이 되었습니다.

성한 눈

베드로는 이 육체의 정욕을 "영혼을 거스려 싸우는" 우리의 적으로 묘사하고 있습니다. 여기서 "싸운다"라는 말을 사용했는데 여기에는 직접적인 전투뿐 아니라 계획적인 군사 행동이라는 의미도 들어 있습니다. 적은 공격 목표물을 지도상에 표시하고, 어떤 전략과 전술을 사용하며, 어떤 무기를 사용할 것인지를 결정합니다. 이 영적 전쟁은 실로 대규모 전쟁입니다. 그것은 진실로 전 지구상에 걸친 세계대전입니다. 다만 우리 눈에 보이지 않을 뿐입니다.

우리의 적 사탄의 궁극 목표는 영혼들을 사로잡아 포로로 삼고 노예로 만들어 마침내는 파멸시키는 것입니다. 우리는 이 전쟁을 구약성경에 나오는 들릴라의 이야기와 비교할 수 있습니다. 들릴라는 삼손의 육체의 정욕을 이용하여 삼손을 타락케 하고 사로잡아 마침내 그를 파멸로 이끌었습니다. 들릴라는 아무렇게나 행동하지 않았습니다. 그는 삼손을 파멸시키기 위해 치밀한 계획 가운데 행동했습니다. 베드로가 경고하고 있는 그 전쟁도 바로 이와 같습니다. 육신은 무작정 우리를 공격하지 않습니다. 육신은 치밀한 계획 가운데서 우리를 공격합니다.

우리가 이 전쟁에서 적을 방어할 수 있는 최상의 방어책은, 이 세상은 우리의 본향이 아니라는 사실을 기억하는 것입니다. 이 세상에서의 우리의 인생의 날을 우리의 본향 하늘나라를 위한 준비 기간으로 볼 때, 육신의 공격은 무력하게 되어 버립니다. 아브라함은 훌륭한 모범을 보여 주고 있습니다. "믿음으로 저가 외방에 있는 것같이 약속하신 땅에 우거하여 동일한 약속을 유업으로 함께 받은 이삭과 야곱으로 더불어 장막에 거하였으니 이는 하나님의 경영하시고 지으실 터가 있는 성을 바랐음이니라"(히브리서 11:9-10).

그는 일시 이 땅에 머무는 나그네, 그의 눈을 영원한 곳에 둔 순례자였습니다. 그는 외인으로서 장막에 살았고, 보이지 않는 것을 믿음으로 바라보고 소망하면서 늘 위엣 것을 생각했습니다. 그의 마음과 눈은 이 세상의 것이 아니라 하늘의 것에 가 있었습니다. 도슨 트로트맨은 이렇게 기도했습니다. "하나님, 우리에게 주님의 영광만을 바라는 성한 눈을 가진 한 무리의 십자가의 군사들을 주소서."

예수님께서는 이렇게 가르치셨습니다. "눈은 몸의 등불이니 그러므로 네 눈이 성하면 온 몸이 밝을 것이요, 눈이 나쁘면 온 몸이 어두울 것이니, 그러므로 네게 있는 빛이 어두우면 그 어두움이 얼마나 하겠느뇨?"(마태복음 6:22-23).

우리가 이 외국 땅에서 살 때 아브라함의 모범과 주님의 말씀을 좇는다면 결코 육체의 정욕에 빠지지 않을 것입니다.

육체의 일

베드로전서 2:11에서 말하는 육체는 우리의 몸이 아니라 인간의 죄악 된 타락한 본성을 의미합니다. 그것은 죄에 의해 조종되며, 하나님을 섬기는 일보다는 이기적인 욕망을 추구하는 인간의 옛성품을 가리킵니다. 에베소서 2:3은 이에 대하여 자세히 언급하고 있습니다. "전에는 우리도 다 그 가운데서 우리 육체의 욕심을 따라 지내며 육체와 마음의 원하는 것을 하여 다른 이들과 같이 본질상 진노의 자녀이었더니." 여기에 부패하고 더러운 마음과 본성의 노예가 된 인간이 있습니다. 로마서 7:18은 육신에 대하여 또 다음과 같이 말합니다. "내 속 곧 내 육신에 선한 것이 거하지 아니하는 줄을 아노니 원함은 내게 있으나 선을 행하는 것은 없노라." 육신은 죄의 법을 섬기고 있습니다(로마서 7:25). 인간의 거듭나지 않은, 육적인 본성은 죄가 거할 완전한 장소를 제공합니다.

갈라디아서 5:17에서는 우리 안에서 벌어지고 있는 이 싸움에 대하여 또 다른 정보를 제공하고 있습니다. "육체의 소욕은 성령을 거스리고 성령의 소욕은 육체를 거스리나니 이 둘이 서로 대적함으로 너희의 원하는 것을 하지 못하게 하려 함이니라." 육체는 그 이름대로 "원하는 것"을 가지고 있습니다(에베소서 2:3). 여기에서 우리는 육체가 성령과 거대한 주도권 싸움을 하고 있는 것을 봅니다. 육체는 평생토록 우리 안에서 자기 원하는 것을 이루려고 싸울 것입니다. 만일 우리 안에서 성령께서 싸워 주시지 않는다면 우리 혼자 힘으로는 도저히 육체의 공격을 이길 수 없을 것입니다.

우리가 육체를 이기기를 원한다면 우리 자신을 성령의 지배 하에 두어야 합니다. 성령은 우리를 그리스도 안에 있는 풍성한 생활로 이끄시기 위해 우리의 삶을 주관하시기를 원하십니다. 우리가 죄로 말미암아 우리 속에 거하시는 성령을 거스르거나 근심하게 할 때는 성령께서 우리를 주관하셔서 우리를 풍성한 삶으로 이끄실 수가 없으십니다. 따라는 우리는 죄로 말미암아 성령을 거스르거나 근심하게 하는 일을 해서는 안 됩니다. 에베소서 4:30에서는 이렇게 경고합니다. "하나님의 성령을 근심하게 하지 말라 그 안에서 너희가 구속의 날까지 인 치심을 받았느니라." 죄의 독에 대한 최선의 방어책은 성령의 능력과 충만 가운데 행하는 것입니다. 그런 이유에서 갈라디아서 5:16은 이렇게 말씀한 것입니다. "내가 이르노니 너희는 성령을 좇아 행하라 그리하면 육체의 욕심을 이루지 아니하리라."

우리가 육체의 정욕을 좇을 때 어떤 일이 일어납니까? 갈라디아서 5:19-21은 우리가 성령을 좇아 행하지 않을 때 일어나는 결과를 있는 그대로 솔직하게 말씀하고 있습니다.

육체의 일은 현저하니 곧 음행과 더러운 것과 호색과 우상 숭배와 술수와 원수를 맺는 것과 분쟁과 시기와 분 냄과 당 짓는 것과 분리함과 이단과 투기와 술 취함과 방탕함과 또 그와 같은 것들이라. 전에 너희에게 경계한 것같이 경계하노니 이런 일을 하는 자들은 하나님의 나라를 유업으로 받지 못할 것이요.

이것들이 바로 육체 곧 인간의 타락한 본성의 산물입니다. 육체의 일은 "현저하다" 즉 공공연하게 드러난다고 말씀합니다. 이는 육체가 우리를 주관할 때 일어나는 결과입니다.

육체의 일 1 : 음행

이 구절에서 언급하고 있는 육체의 일의 첫 번째는 '음행'입니다. 이는 다른 사람의 배우자와의 성적인 부도덕 행위뿐 아니라, 모든 부정한 성적 행위를 가리킵니다. 이것은 "간음하지 말지니라"라고 한 일곱째 계명을 어긴 것입니다(출애굽기 20:14). 예수님께서는 간음에 대하여 더욱 강하게 말씀하셨습니다.

또 간음치 말라 하였다는 것을 너희가 들었으나, 나는 너희에게 이르노니 여자를 보고 음욕을 품는 자마다 마음에 이미 간음하였느니라. 만일 네 오른 눈이 너로 실족케 하거든 빼어 내버리라. 네 백체

중 하나가 없어지고 온 몸이 지옥에 던지우지 않는 것이 유익하며.
(마태복음 5:27-29)

간음은 단순히 육체적 행위만을 가리키는 게 아닙니다. 그 이상입니다. 예수님께서는 정욕에 자극되어 여자를 쳐다보는 것까지도 정죄하셨습니다. 이는 우리로 하여금 죄의 근원이 마음속에 있다는 사실을 보게 해 줍니다. 그러므로 지옥의 형벌을 피하기 위해서는 인간의 마음이 변화되어야 합니다. 자기의 눈이 그리로 가는 것을 어떻게 할 수가 없었다고 변명하는 자에게 예수님께서는 "그것을 빼어 내버리라"라고 말씀하십니다.

나는 2차대전 중 부상을 당하여 남태평양의 과달카날섬에 있는 한 해군병원에 입원하고 있을 때 실제로 이처럼 끔찍한 수술이 실시되고 있는 것을 목격하였습니다. 의사들은 한 병사의 썩은 다리를 주저 없이 절단하였습니다. 그것이 그의 생명을 구하는 유일한 길이었기 때문입니다. 예수님의 말씀은 간음이 얼마나 무서운 죄인가를 잘 전달해 주고 있습니다.

또한 사도행전 15장에서 그리스도인의 자유를 침해하지 않고도 이방인 신자들에게 기본적인 행동 지침을 제시해 주기 위해 예루살렘 공의회가 소집되었을 때 야고보는 신자들이 피해야 할 것 중 한 가지로서 '음행'을 들고 있습니다.

그러므로 내 의견에는 이방인 중에서 하나님께로 돌아오는 자들을 괴롭게 말고 다만 우상의 더러운 것과 음행과 목매어 죽인 것과

피를 멀리하라고 편지하는 것이 가하니. (사도행전 15:19-20)

    고린도전서 6:18에서도 같은 말씀을 합니다. "음행을 피하라. 사람이 범하는 죄마다 몸 밖에 있거니와 음행하는 자는 자기 몸에게 죄를 범하느니라." "피하라"는 말은 가능한 한 빨리 벗어나기 위하여 도망하고 계속 도망가라는 것입니다. 어떤 죄들은 싸워서 이길 수 있으나 이 죄만은 도망가야 합니다.

    에베소서 5:3에서는 이 죄는 그들 가운데서 철저히 금지되어야 한다고 했습니다. "음행과 온갖 더러운 것과 탐욕은 너희 중에서 그 이름이라도 부르지 말라. 이는 성도의 마땅한 바니라." 이 구절은 이 죄가 얼마나 무서운가에 대하여 몇 가지를 가르쳐 주고 있습니다. 우리는 이 죄를 죽여야 합니다. "그러므로 땅에 있는 지체를 죽이라. 곧 음란과 부정과 사욕과 악한 정욕과 탐심이니 탐심은 우상 숭배니라"(골로새서 3:5). 데살로니가전서 4:3에서는 이렇게 말씀합니다. "하나님의 뜻은 이것이니 너희의 거룩함이라 곧 음란을 버리고." 요한계시록 9:21에서는 이 죄를 살인, 복술, 도적질과 함께 열거하고 있습니다. "또 그 살인과 복술과 음행과 도적질을 회개치 아니하더라." 오늘날 서구문화의 가치관은 성경의 교훈과는 너무도 다릅니다. 오늘날 서구 사회에서 이 죄는 가볍게 취급되고 있습니다. 그러나 우리는 성령의 인도를 따라 살아야 합니다.

육체의 일 2 : 더러운 것

갈라디아서 5:19-21에서 그다음으로 언급한 것이 '더러움'이라는 죄입니다. 이는 깨끗한 것의 반대말입니다. 우리를 더럽게 하는 것, 즉 우리를 순결치 못하고 더럽게 만드는 모든 생각, 말, 글, 행동을 의미합니다.

오늘날 이 더러움의 죄가 도처에 만연되어 있습니다. 심지어 셔츠에까지도 더러운 말을 써 놓고 있으며 사람들은 그것을 버젓이 입고 다닙니다. 식당, 슈퍼마켓, 기타 사람들이 모인 곳에 가 보면 더러운 대화를 흔히 들을 수 있습니다. 겉으로는 신사 숙녀로 보이는 사람도 자기네들끼리 모였을 때는 온갖 더러운 말을 부끄러워하지도 않고 내뱉습니다. 더러움은 오늘날 이 사회를 삼켜 버렸고, 우리의 도덕적 기반을 파괴하려고 위협하고 있습니다. 그러므로 데살로니가전서 4:7은 우리에게 이렇게 상기시키고 있습니다. "하나님께서 우리를 불러 주신 것은, 더러움에 빠져 살게 하시려는 것이 아니라, 거룩함에 이르게 하시려는 것입니다"(새번역).

육체의 일 3 : 호색

'호색'이라는 죄는 마치 고삐 풀린 말과 같습니다. 내가 그런 비유를 드는 까닭은 어린 시절의 기억 때문입니다. 토요일 밤

이면 나는 동네 아이들과 함께 한 작은 극장에 가곤 했습니다. 거기서 카우보이 영화를 보았습니다. 영화 내용은 대개 역마차를 끌던 말들이 갑자기 우르르 도망치면, 역마차에 타고 있던 여주인공이 날카로운 비명을 지르며 도와 달라고 외쳤고, 그러면 주인공이 나타나 구해 주곤 하는 따위였습니다.

더러움이라는 죄는 전염병과 같이 조용히 세상 사방으로 죽음을 퍼뜨리는 반면, 호색이라는 죄는 고삐 풀린 말처럼 드러나게 퍼집니다. 호색은 완전히 통제력을 벗어난, 부끄러워할 줄 모르는 행동입니다. 그것은 음란한 이야기를 큰 소리로 이야기합니다. 성경은 이 죄에 빠진 사람들을 "감각 없는 자"(에베소서 4:19), "자기 양심이 화인 맞은 자"(디모데전서 4:2)로 묘사하고 있습니다. 호색적인 사람들은 자기의 삶을 과시하며, 재갈 물리지 않은 그들의 정욕을 자랑합니다. 예수님께서는 사람의 안으로부터 나와서 사람을 더럽히는 악한 죄들 중의 하나로서 이 죄를 언급하셨습니다(마가복음 7:20-23). 이 죄의 뿌리는 악한 마음의 육신적 본성에 있으나, 그 결과는 추한 모습으로 겉으로 나타납니다.

육체의 일 4: 우상 숭배

그다음으로 나오는 육체의 일은 '우상 숭배'입니다. 이것은 우상에게 자신을 드리는 것입니다. 우리는 우상 숭배를 나무나 돌이나 쇠붙이로 만든 신을 숭배하는 사람들에게만 적용된다고 생각하면서 이 죄를 숨겨 버리는 경향이 있습니다. 그러나 소위 문명화된 사람들도 이 죄에 빠지기가 쉽습니다. 옷장에는 데이크론, 실크, 모직으로 된 우상들로 가득 차 있을 수 있습니다. 차고에는 강철과 에나멜, 색유리, 가죽으로 된 의자, 그리고 크롬으로 도금된 우상들로 가득 차 있을 수 있습니다. 우상들은 또한 멋진 집, 일류 장비의 형태를 취할 수도 있습니다. 최고급 음향기기가 있는 거실, 최신 가재도구들로 즐비한 주방이 우상이 될 수도 있습니다.

좋은 차를 갖고, 좋은 옷을 입으며, 또 아름다운 음악을 듣는 것이 결코 죄는 아닙니다. 그러나 이것들에 대한 열망이 하나님과 나 사이를 가로막을 때 그것들은 이미 우상이 된 것입니다. 그것들은 우리의 거짓 신들이 되고, 그 거짓 신들은 결코 만족을 줄 수 없습니다. 오직 살아 계신 하나님만이 우리에게 참만족을 주실 수 있습니다. 우리는 성경이 그것들에 대하여 헛되고 헛되다고 한 것을 상기함으로써 그것들이 우상으로 화하는 것을 막을 수 있습니다. "화 있도다, 화 있도다, 큰 성이여. 세마포와 자주와 붉은 옷을 입고 금과 보석과 진주로 꾸민 것인데 그러한 부가 일시간에 망하였도다.…"(요한계시록 18:16-17).

육체의 일 5 : 술수

그다음에 나오는 말이 '술수'인데 마술로 번역되기도 합니다. 거기에는 대개 약물과 주문과 마법이 관련되어 있고, 나아가 노래가 수반됩니다. 그리고 사악하고 영적이며 보이지 않는, 이 세상의 어두움의 통치자에게 호소합니다.

이것 역시 우리가 흔히 원시 사회에서나 있던 것이라고 생각하기 쉬운 죄 중의 하나입니다. 이 죄는 그때나 지금이나 여전히 온 세계에 만연되어 있습니다. 도처에 점쟁이들이 있습니다. 서구 세계의 대부분의 신문에는 오늘의 운수라고 하여 점성술에 의한 그날의 운수를 싣고 있습니다. 이는 하나님께서 몹시 싫어하시는 죄입니다.

> 네 하나님 여호와께서 네게 주시는 땅에 들어가거든 너는 그 민족들의 가증한 행위를 본받지 말 것이니, 그 아들이나 딸을 불 가운데로 지나게 하는 자나 복술자나 길흉을 말하는 자나 요술을 하는 자나 무당이나 진언자나 신접자나 박수나 초혼자를 너의 중에 용납하지 말라. 무릇 이런 일을 행하는 자는 여호와께서 가증히 여기시나니 이런 가증한 일로 인하여 네 하나님 여호와께서 그들을 네 앞에서 쫓아내시느니라. 너는 네 하나님 여호와 앞에 완전하라. 네가 쫓아낼 이 민족들은 길흉을 말하는 자나 복술자의 말을 듣거니와 네게는 네 하나님 여호와께서 이런 일을 용납지 아니하시느니라. (신명기 18:9-14)

"가증"이라는 말을 주목하기 바랍니다. 이 구절에 이 말이 세 번 나오는데, 하나님께서 그 죄를 몹시 싫어하신다는 의미를 전하기 위해 사용되었습니다. 12절에 있듯이, 이런 가증한 행위로 인하여 하나님께서는 가나안 민족들을 이스라엘 민족 앞에서 쫓아내셨던 것입니다. 가나안 민족들은 이 가증한 죄로 인하여 그들의 땅과 집과 가정과 생명을 잃어 버렸습니다. 우리는 우리 주위에서 이런 죄에 매여 사는 사람들을 경고하고, 그들이 살아 계신 하나님께로 돌아와서 참생명을 얻도록 도와주어야 합니다.

육체의 일 6 : 원수를 맺는 것

그다음으로 '원수를 맺는 것'을 언급하고 있습니다. 처음 보기에는 의아스럽게 생각할지도 모르겠습니다. 음행과 술수와 같이 사람들에게 충격을 주는 죄들과 나란히 이런 "사회적으로 용납될 수 있는" 죄를 언급한 데 대해서 의문을 제기할지도 모릅니다. 자기에게 악한 행위를 한 어떤 사람을 미워하고 마음에 원한을 품는 것이 왜 심각한 죄냐고 물을지도 모르겠습니다. 그러나 원수 맺는 것은 그리스도를 닮은, 하나님께서 주신 사랑의 성품과는 정반대입니다. 증오, 원한, 적대감으로 가득 찬 삶을 특징짓는 것을 살펴보기 위해서는 고린도전서 13장의 내용을 거꾸로 생각해 보면 됩니다. 이를 테면, 조급하며, 인내하지 못하며, 불친절하며, 자랑하며, 교만하며, 무례하며 등등. 미움은 자기 길을 고집하며, 분을 내며, 화를 터뜨립니다. 그리고 남이 잘못될 때 즐거워합니다. 미움은 아무것도 참지 못하며, 아무것도 믿지 못하며, 아무것도 바라지 못하며, 아무것도 견디지 못합니다. 그래도 이 죄를 육체의 일로 열거하고 있는 것이 이상합니까?

육체의 일 7 : 분쟁

그다음으로 '분쟁'이 나옵니다. 이는 온갖 종류의 다툼을 의미합니다. 싸우기를 좋아하는 사람이 있습니다. 말다툼일 수도 있고 몸으로 싸우는 것일 수도 있습니다. 이러한 사람은 아마도 고독할 것입니다. 대부분의 사람들이 싸우기를 좋아하는 사람을 피하기 때문입니다. 또한 그는 불행할 것입니다. 예수님께서 "화평케 하는 자는 복이 있다"라고 말씀하셨기 때문입니다(마태복음 5:9).

이 죄의 유혹에 걸려 넘어지는 것은 슬픈 일입니다. 분쟁은 분리와 쓴 뿌리와 원한과 관용하지 않는 마음을 낳습니다. 우리의 삶을 온통 혼란 속으로 몰아넣습니다. 성경은 이런 죄에 빠진 사람을 분명하게 묘사하고 있습니다. "저는 교만하여 아무것도 알지 못하고 변론과 언쟁을 좋아하는 자니 이로써 투기와 분쟁과 훼방과 악한 생각이 나며, 마음이 부패하여지고 진리를 잃어버려 경건을 이익의 재료로 생각하는 자들의 다툼이 일어나느니라"(디모데전서 6:4-5).

이 죄가 가정이나 교회에 들어올 때 가정과 교회를 황폐하게 하는 엄청난 영향을 미칩니다. 분쟁에서는 아무 좋은 것도 나올 수 없습니다.

육체의 일 8 : 시기

그다음에 '시기'가 나옵니다. 시기란 남의 행운이나 남이 가지고 있는 좋은 것에 대하여 좋지 않은 마음을 품는 것입니다. 시기는 남이 가지고 있는 것을 그에게서 제거하고 싶다는 마음만을 의미하지는 않습니다. 자기도 역시 남이 가지고 있는 그것을 가지고 싶어 하는 것도 포함됩니다. 그것은 있는 바를 족한 줄로 알라는 히브리서 13:5 말씀을 따르기를 거부하는 행위입니다. 빌립보서 4:11-12은 우리가 가져야 할 올바른 태도를 보여 줍니다. "내가 궁핍하므로 말하는 것이 아니라 어떠한 형편에든지 내가 자족하기를 배웠노니 내가 비천에 처할 줄도 알고 풍부에 처할 줄도 알아 모든 일에 배부르며 배고픔과 풍부와 궁핍에도 일체의 비결을 배웠노라."

이 죄에 사로잡히게 되면 불만족스러운 삶을 살게 됩니다. 시기를 품고 있는 사람은 마음에 평화가 없습니다. 얼굴에는 웃음이 뜸해집니다. 얼굴 근육은 긴장되고 경직되어 있습니다.

시기는 분명히 육체의 일에 속합니다.

육체의 일 9 : 분 냄

또 하나의 육체의 일은 '분 냄'입니다. 그것은 욱하고 흥분하며 자제력을 잃고 벌컥 성을 내는 것을 의미합니다. 나는 그리스도인이 되기 전에 자주 이 죄에 빠졌습니다. 자주 욱하고 화를 냈습니다. 매우 사소한 것에도 금방 흥분하고 성을 냈습니다.

지금도 한 가지 에피소드를 잊지 않고 있습니다. 아내가 칠흑 마노에 다이아몬드가 박힌 아름다운 금반지를 내게 선물했습니다. 나는 그 금반지를 아주 좋아했고 늘 끼고 다녔습니다. 그런데 얼마 후 어떤 사건으로 인해서 그만 자제력을 잃고 화를 벌컥 냈습니다. 벌떡 일어서면서 주먹으로 단단한 나무로 된 문을 치는 통에 마노는 박살이 나고 반지가 망가졌습니다.

분 내는 것은 가정 내에서 많은 불화와 폭력을 낳는 육체의 일입니다. 아내에게 폭력을 행사하거나 자녀를 잘못 대하는 것 모두 여기에서 나옵니다. 신문과 TV에서 이런 일을 흔히 듣습니다. 어떤 사람들은 자기 분을 남에게 분출하여 길 가는 사람에게 행패를 부리기도 합니다.

육체의 일 10 : 당 짓는 것

그다음 '당 짓는 것'이 나옵니다. 이것은 잘못된 이유로 계속 자기의 주장을 고집하는 것입니다. 이기주의, 경쟁심, 과도한 야망, 이 모든 것이 분열을 낳습니다. 교회 분열이 항상 거짓된 교리와 이단 때문에 일어나지는 않습니다. 분열은 이 죄에 빠진 한 개인이 추종자를 모을 때 일어날 수 있습니다. 이것이 일어나면 교인들이 흩어집니다. 이 얼마나 비극입니까?

그리스도를 위해 놀라운 간증을 보이던 교회가 분열로 인해 풍비박산 되는 것을 보는 경우가 있는데 너무도 슬픈 일입니다. 내가 알고 있는 한 교회가 그랬습니다. 그 교회는 그 지역 사회 안에서 복음을 위하여 매우 좋은 영향을 미치고 있었습니다. 많은 사람들이 그 교회를 통하여 그리스도께로 인도되었습니다. 그러나 그 후 "당 짓는 것"이 교회에서 일어나더니 다툼과 교회의 분열을 가져왔습니다. 교회의 지도자 중 한 사람이 자기의 주장을 고집했고, 결국 많은 사람을 끌고 그 교회를 떠났습니다. 이리하여 그 교회의 간증은 아주 무력하게 되었고, 오늘날까지도 회복되지 못했습니다. 육체의 일은 공개적이어서 모든 사람이 볼 수 있습니다.

육체의 일 11 : 분리함

이 말은 '떨어져 있다'는 의미를 내포하고 있습니다. 그들은 그리스도인의 교제에 참여하고 있지만 마음은 거기에 있지 않습니다. 교회 "안"에 있지만 사실은 교회의 "일부"가 결코 아닙니다. 출석은 해 있으나 사실은 거기에 있지 않습니다. 교회에서 아무 책임도 맡으려 하지 않습니다. 교회에서 봉사하기를 거절합니다. 그들은 결코 팀의 일부가 아닙니다.

바울은 빌립보 교회에서 이런 사람들을 발견했던 것 같습니다. 그래서 이렇게 편지했습니다. "오직 너희는 그리스도 복음에 합당하게 생활하라 이는 내가 너희를 가 보나 떠나 있으나 너희가 일심으로 서서 한뜻으로 복음의 신앙을 위하여 협력하는… 이 일을 듣고자 함이라"(빌립보서 1:27-28). 로마에도 이런 '떨어져 있는' 사람들이 있었던 것 같습니다. 그래서 그들에게 이렇게 상기시킬 필요를 느꼈습니다. "우리 중에 누구든지 자기를 위하여 사는 자가 없고 자기를 위하여 죽는 자도 없도다"(로마서 14:7).

우리가 분명히 알고 있는 한 가지는 자기의 마음을 결코 주지 않는 사람들로 가득 찬 사역은 복음의 진보에 거의 쓸모가 없다는 것입니다.

육체의 일 12 : 이단

그다음 '이단'이 나옵니다. 베드로후서 2:1 역시 이 육체의 일에 대해 경고했습니다. "그러나 민간에 또한 거짓 선지자들이 일어났었나니 이와 같이 너희 중에도 거짓 선생들이 있으리라. 저희는 멸망케 할 이단을 가만히 끌어들여 자기들을 사신 주를 부인하고 임박한 멸망을 스스로 취하는 자들이라."

이단은 멸망으로 이끕니다. 이단은 도덕적 타락으로 이끄는 거짓 교리를 말합니다. 거짓 선생들이 그들의 일을 마쳤을 때 교회는 잡석더미가 되고 맙니다. 건물 철거반이 건물을 두드려 무너뜨리듯이 거짓 교사들은 교회를 무너뜨립니다.

여기서 우리는 또한 우리 자신을 말씀 안에서 견고하게 세워 나가는 일이 얼마나 중요한가를 깨닫게 됩니다. 또한 새 신자를 말씀 안에서 성경적인 건전한 교리적 기초 위에 굳게 세워 주는 일이 얼마나 중요한가도 깨닫게 됩니다. 이렇게 되면 우리는 사상자 명단에 들게 되지 않을 것입니다.

육체의 일 13 : 투기

갈라디아서 5:21은 '투기'로 시작되고 있습니다. 이 말은 '악한 뜻'이라는 의미를 내포하고 있습니다. 이것은 남의 행복 또는 행운을 보고 기뻐하기보다는 악한 마음을 품고 남이 잘못되기를 바라는 것입니다. 이 죄에 빠진 사람은 남이 잘되는 것을 배 아파합니다. 그리고 어떻게 해서라도 그가 잘못되도록 실제로 그런 행동을 합니다.

디도서 3:3은 이렇게 말씀하고 있습니다. "우리도 전에는 어리석은 자요 순종치 아니한 자요 속은 자요 각색 정욕과 행락에 종노릇한 자요 악독과 투기로 지낸 자요 가증스러운 자요 피차 미워한 자이었으나."

육체의 일 14 : 술 취함

'술 취함'이란 습관적으로 술에 취하는 것입니다. 술에 매여 있는 것입니다.

나는 이 면에서 가슴 아픈 경험을 가지고 있습니다. 어린 시절을 돌이켜 보면 우리 집에서는 술을 마시는 것은 일상적인 일이었습니다. 아버지는 손수 집에서 술을 빚으셨습니다. 우리 집 주위에는 항상 맥주 통이 많이 있었습니다. 그런데 식구들이 술에 취하는 것을 보지 못했습니다. 그러나 나는 문제가 있었습니다. 나는 정말로 그 술을 좋아했습니다. 해병대에 입대했을 무렵에는 술을 매우 잘 마셨습니다. 2차대전이 끝나 집으로 돌아왔을 때 나는 자주 술에 취해 있었습니다. 친구들과 어울려 다니며 술을 마셨고, 어떤 때는 술집을 때려 부수며 행패를 부리기도 했습니다.

나는 독한 술을 좋아했습니다. 술주정뱅이가 되려고 의도하지는 않았지만 서서히 술의 종이 되어 가고 있었습니다. 오늘날 그 당시의 삶을 돌이켜보면 잠언 20:1 말씀이 떠오릅니다. "포도주는 거만케 하는 것이요 독주는 떠들게 하는 것이라. 무릇 이에 미혹되는 자에게는 지혜가 없느니라." 복음을 인하여 하나님께 감사드립니다. 이 복음으로 말미암아 주님께서는 나를 술에서 해방시켜 주셨습니다.

육체의 일 15 : 방탕함

육체의 일 중에서 그다음으로 나오는 것은 '방탕함'입니다. 물론 육체의 일로는 이외에도 많이 있습니다. 방탕함에는 '누군가의 통제를 받지 않고 마음대로 하다, 제멋대로 하다'라는 의미가 들어 있습니다. 베드로전서 4:3-5은 방탕함에 대하여 잘 설명하고 있습니다.

너희가 음란과 정욕과 술 취함과 방탕과 연락과 무법한 우상 숭배를 하여 이방인의 뜻을 좇아 행한 것이 지나간 때가 족하도다. 이러므로 너희가 저희와 함께 그런 극한 방탕에 달음질하지 아니하는 것을 저희가 이상히 여겨 비방하나 저희가 산 자와 죽은 자 심판하기를 예비하신 자에게 직고하리라.

성경학자인 조지프 세이어는 '방탕함'에 대해서 이렇게 설명합니다. "당시 사람들은 저녁 식사 후 반쯤 취해 들뜬 기분으로 횃불을 들고 거리를 행진하며 술의 신 바쿠스 또는 다른 신들을 찬양하는 노래와 춤으로 남녀가 함께 뒤엉켜 떠들고 놀았습니다."

육체의 일 16 : 살인

마지막으로 '살인'을 들 수 있습니다. 살인은 증오, 쓴 뿌리, 적개심, 의심, 시기에서 나옵니다. 단지 비꼬는 말 한마디로 다른 사람을 파멸로 이끌 수도 있습니다. 악의 섞인 농담이 어떤 사람을 실족케 할 수도 있습니다. 어떤 사람을 멀리 하는 것이 그 사람의 마음을 짓밟는 것이 될 수도 있습니다. 우리가 '살인'할 수 있는 방법은 여러 가지입니다. 예수님께서는 이 죄에 대한 구약성경의 정의를 새롭게 해석하셨습니다.

옛 사람에게 말한 바, "살인치 말라. 누구든지 살인하면 심판을 받게 되리라" 하였다는 것을 너희가 들었으나, 나는 너희에게 이르노니 형제에게 노하는 자마다 심판을 받게 되고, 형제를 대하여 라가라 하는 자는 공회에 잡히게 되고, 미련한 놈이라 하는 자는 지옥 불에 들어가게 되리라. (마태복음 5:21-22)

이러한 '살인'의 감정을 해독하는 방법은 무엇입니까? 성경은 이렇게 말합니다. "모든 겸손과 온유로 하고 오래 참음으로 사랑 가운데서 서로 용납하고, 평안의 매는 줄로 성령의 하나 되게 하신 것을 힘써 지키라. 너희는 모든 악독과 노함과 분냄과 떠드는 것과 훼방하는 것을 모든 악의와 함께 버리고, 서로 인자하게 하며 불쌍히 여기며 서로 용서하기를 하나님이 그리스도 안에서 너희를 용서하심과 같이 하라"(에베소서 4:2-3,31-32).

이렇게 하여 육체의 일들의 목록이 끝났습니다.

육체에게 먹이를 주지 말라

고린도후서 6:17-7:1에서는 이에 관하여 분명히 약속과 더불어 경계를 하고 있습니다.

> 그러므로 주께서 말씀하시기를 "너희는 저희 중에서 나와서 따로 있고 부정한 것을 만지지 말라. 내가 너희를 영접하여 너희에게 아버지가 되고 너희는 내게 자녀가 되리라. 전능하신 주의 말씀이니라" 하셨느니라. 그런즉 사랑하는 자들아, 이 약속을 가진 우리가 하나님을 두려워하는 가운데서 거룩함을 온전히 이루어 육과 영의 온갖 더러운 것에서 자신을 깨끗케 하자.

그러면 어떻게 육의 온갖 더러운 것에서 우리 자신을 깨끗케 할 수 있습니까? 갈라디아서 5:16 말씀이 그 답을 제공하고 있습니다. "내가 이르노니 너희는 성령을 좇아 행하라. 그리하면 육체의 욕심을 이루지 아니하리라."

성령 안에서 사는 것, 성령을 좇아 행하는 것에 대해서는 이 책의 3부에서 자세히 언급하겠지만, 한 가지 분명한 것은, 육체와의 싸움에서 이기는 최상의 무기 중 하나는 단순히 육을 굶기는 것입니다. 로마서 13:14에서 이렇게 말씀하고 있습니다. "오직 주 예수 그리스도로 옷 입고 정욕을 위하여 육신의 일을 도모하지 말라." 예를 들어, 대부분의 영화, 많은 TV 프로그램, 잡지와 책, 인터넷 등이 육신을 먹이는 글과 사진과 영상들로 가득 차 있습니다.

은행 강도를 잡은 이야기를 들은 적이 있습니다. 그는 범행 후 어느 동굴에 들어가 숨었습니다. 형사들은 그 동굴로 밀고 들어가지 않았습니다. 그들은 지혜롭게도 동굴 입구를 막고 앉아서 대기했습니다. 그 강도가 먹을 것을 얻기 위해 밖으로 나오기를 기다렸습니다. 그들은 그 강도가 배고프면 결국 항복하게 될 것을 알았습니다.

당신이 육신을 먹이지 않으면 육신은 마침내 허약해질 것이고 나아가 굶어 죽게 될 것입니다. 이는 우리가 성령을 좇아 행할 때 가능합니다. 육신을 굶겨 죽이십시오. 그러면 사상자 명단에 들지 않게 될 것입니다.

4

마귀

 "아무 정보도 가지고 있지 않은 것이 거짓 정보를 가지고 있는 것보다 낫다!" 이것은 내가 시카고의 어느 철도 회사에서 역무원으로 일할 때 들은 말입니다. 여행자들에게 잘못된 정보를 주게 되면 엉뚱한 방향으로 가는 기차를 타게 되어 심각한 결과를 가져오게 되는 것입니다.

 나 역시 이 거짓 정보의 희생물이 된 적이 있습니다. 아시아에서 말씀을 전하기 위해 여행 중이었습니다. 미국을 출국할 때 여행사 측에서 대만에 들어갈 때는 입국 비자가 필요 없다고 했습니다. 그러나 막상 도쿄에서 타이베이로 가는 비행기를 타려고 항공사에 티켓을 제출했을 때 입국 비자 없이는 대만에 들어갈 수 없다는 말을 들었습니다. 큰 낭패였습니다. 이렇게 해서 나는 비자를 발급할 수 있는 대만 관리를 찾아 나섰습니다. 내가 탄 택시 운전사도 그 관리가 어디 있는지 전혀 몰랐습니다. 택시 운전사는 친절하게도 내 일에 열심히 협조해 주었습니다. 우리는 물어 물어서 겨우 그 관리가 있는 곳을 찾아냈습니다. 하지만 나는 비행기를 놓쳤습니다.

나의 고향 네올라에서도 이 거짓 정보가 가져다주는 결과가 어떤지를 경험했습니다. 네올라 옆으로 고속도로가 지나가고 있었는데 주 정부에서는 공사 관계로 고속도로의 사용을 중단시키고 우회 도로를 사용하게 했습니다. 그리고 이를 위해 임시로 도로 표지판을 만들어 세워 두었습니다. 그런데 어떤 장난꾸러기들이 이 도로 표지판을 엉뚱한 방향으로 돌려놓았습니다. 그래서 많은 차들이 엉뚱한 곳으로 가게 되었습니다. 한 주민이 그때 일을 이렇게 이야기했습니다. "한밤중쯤 되었을 겁니다. 웬 트럭이 열 몇 대나 우리 마을로 몰려온 것입니다. 나는 무슨 영문인지 몰랐습니다. 사실 아무도 몰랐습니다." 그래서 밤새도록 교통 혼잡을 빚었고, 고속도로 관리원이 많은 시간을 허비한 후에야 표지판이 거꾸로 되어 있는 것을 발견하고 바로 돌려놓았습니다. 대담하게도 장난꾸러기들은 중간쯤에 "잘못된 길 – 들어가지 마시오!"라는 표지판을 세워 놓기까지 했습니다. 밤중이라 아무도 그것을 신경 쓰지 못했습니다. 여하튼 그 거짓 정보로 인하여 밤새도록 큰 혼란이 생겼던 것입니다.

영적인 영역에서도 거짓 정보는 그리스도인들을 사상자 명단에 들게 하는 수가 있습니다. 최근 한 선교사가 보내 온 편지에 그런 예가 나와 있었습니다. 한 젊은이가 있었는데 그는 8

년 이상이나 주님과 동행하는 삶을 살아왔는데, 지금은 거짓 교사들과 거짓 교리의 영향을 받아 큰 위험에 처해 있다는 것이었습니다. 우리 중 아무도 이런 위험으로부터 면제된 사람은 없습니다.

거짓 교리와 거짓 교사들의 뒤에는 한 인물이 숨어 있는데 곧 마귀입니다. 성경은 이렇게 경고합니다. "근신하라. 깨어라. 너희 대적 마귀가 우는 사자같이 두루 다니며 삼킬 자를 찾나니"(베드로전서 5:8). 우리는 마귀와의 싸움에 있어서 늘 정신을 차리고 경계를 해야 합니다. 마귀는 어떤 때는 정면 공격을 해 오지만, 어떤 때는 은밀히 공격을 해 와서 잘 모르는 경우도 있습니다.

마귀는 이 세상의 수많은 매체와 방법을 총동원하여 자기의 주장을 실어 전파합니다. 그러므로 우리는 이러한 것들을 접할 때 지혜롭게 분별할 줄 알아야 합니다. 이 일이 쉽지는 않습니다. 도슨 트로트맨은 이렇게 질문한 적이 있습니다. "90%는 진리이고 10%는 거짓인 것과, 10%는 진리이고 90%는 거짓인 것 중에서 어느 것이 더 위험합니까?" 아마도 90%는 진리이고 10%는 거짓인 것이 더 위험할 것입니다. 왜냐하면 무엇이 잘못된 것인지를 분별하기가 훨씬 더 어렵기 때문입니다. 거짓은 진리의 옷으로 위장할 수 있습니다.

'다림줄'

우리가 깨어 있다고 해서 거짓 교리를 완전히 분별할 수 있는 것은 아닙니다. 따라서 또한 성경의 진리에 굳게 서 있지 않으면 안 됩니다. 우리는 교리를 하나님의 말씀에 비추어 보아야만 합니다.

우리가 언제든지 성경을 볼 수 있도록 해 주셨다는 것은 우리를 향한 하나님의 크신 관심과 사랑을 보여 줍니다. 우리를 모든 진리 가운데로 인도할 하나님의 말씀이 우리에게 있다는 것은 말할 수 없는 축복인 것입니다. 이사야는 이것을 이렇게 표현했습니다. "너는 증거의 말씀을 싸매며 율법을 나의 제자 중에 봉함하라. 마땅히 율법과 증거의 말씀을 좇을지니 그들의 말하는 바가 이 말씀에 맞지 아니하면 그들이 정녕히 아침 빛을 보지 못하고"(이사야 8:16,20).

하나님의 말씀은 거짓 교리를 분별하는 데 있어서 절대적이고 신뢰할 만한 유일한 기준입니다. 그러므로 말씀은 정확히 보존되어야만 합니다. 거기에 아무것도 더하거나 뺄 수 없습니다. 말씀은 우리가 어디로 가야 할지 분명한 지침을 제시해 줍니다.

그리스도의 제자로서 우리는 이 하나님의 말씀을 맡았습니다. 디모데에게 한 바울의 권면은 우리에게도 역시 해당됩니다. "너는 그리스도 예수 안에 있는 믿음과 사랑으로써 내게 들은바 바른 말을 본받아 지키고, 우리 안에 거하시는 성령으로 말미암아 네게 부탁한 아름다운 것을 지키라"(디모데후서 1:13-14).

하나님의 말씀 안에서 우리는 무엇이 선한 것이며, 하나님께서 우리에게 기대하시는 것이 무엇인지를 발견합니다. 하나님의 말씀을 우리의 카운슬러로 삼을 때 우리는 거짓 교사들에게 이끌려 곁길로 가지 않을 것입니다. 양의 탈을 쓴 이리들을 알 수 있는 한 가지 테스트 방법이 있습니다. 그들이 성경 말씀의 진리를 따라 가르치고 있는가, 또 하나님의 말씀이 그들의 행동 표준인가 살펴보십시오. 만일 그렇지 않다면, 하나님의 빛은 그들 안에 없으며, 그들은 죄와 허물의 어둠 속에서 살고 있는 것입니다. 당신은 어둠 속에서 걸려 넘어지기를 원합니까? 당신은 앞 못 보는 장님에게 인도받기를 원합니까? 아니면 하나님의 말씀의 빛에 의해 인도받기를 원합니까?

사상자 명단에 들지 않는 가장 효과적인 방법 중 한 가지를 바울은 디모데에게 제시했습니다. "네가 진리의 말씀을 옳게 분변하여 부끄러울 것이 없는 일꾼으로 인정된 자로 자신을 하나님 앞에 드리기를 힘쓰라"(디모데후서 2:15). 여기에서 바울은 디모데가 평생토록 해야 할 일을 이야기하고 있습니다. 디모데는 부끄러울 것이 없는 일꾼으로 자신을 하나님께 드려야 했습니다. 그런데 그렇게 하기 위해서는 하나님의 말씀을 옳게 분변할 줄 알아야 했던 것입니다.

벽돌공들은 다림줄에 맞추어 벽돌을 쌓습니다. 그리스도인들에게 있어서 다림줄은 성경입니다. 우리의 삶을 이 성경의 기준에 따라 설계할 때 우리는 진리와 거짓을 분별하며, 거짓된 것들을 퍼뜨리는 자들로부터 돌아설 수 있을 것입니다.

거짓 교사들의 분별

어떤 사람들은 이런 거짓 교사들이 정말로 있느냐고 물을지도 모르겠습니다. 속지 마십시오. 거짓 교사들은 많습니다. 그리고 그들이 어느 정도는 성공을 거둘 것이라고 성경은 분명하게 말하고 있습니다. 바울은 에베소의 장로들에게 이 사실을 알려 주었습니다. "내가 떠난 후에 흉악한 이리가 너희에게 들어와서 그 양떼를 아끼지 아니하며 또한 너희 중에서도 제자들을 끌어 자기를 좇게 하려고 어그러진 말을 하는 사람들이 일어날 줄을 내가 아노니"(사도행전 20:29-30). 바울은 자기가 떠난 후에 이리들이 들어올 것을 알았습니다. 그는 예수님의 말씀을 분명하게 기억했습니다. "거짓 선지자들을 삼가라. 양의 옷을 입고 너희에게 나아오나 속에는 노략질하는 이리라"(마태복음 7:15). 이리들이 양으로 가장할 수 있기 때문에 양 떼들은 위험합니다. 이리들이 처음부터 그 본성을 드러내지는 않습니다.

거짓 교사들을 알아내는 가장 좋은 방법 한 가지는 그들이 그들의 메시지의 근원을 어디에 두는지를 귀 기울여 들어 보는 것입니다. 그들이 말하기를, "여기에 하나님께서 나에게 직접 말씀하신 것이 있다"라고 하면서 어떤 꿈이나 이상한 환상이나 직접적인 음성에 대하여 장황하게 지껄이고 있다면 경계하십시오! 하나님의 말씀을 펴서 문맥 가운데서 그 말씀을 인용하는 자를 신뢰하십시오.

성경은 우리에게 "범사에 헤아려 좋은 것을 취하라"(데살로니가전서 5:21), 또 "사랑하는 자들아, 영을 다 믿지 말고 오직 영들이 하나님께 속하였나 시험하라. 많은 거짓 선지자가 세상에 나왔음이니라"라고 말하고 있습니다(요한일서 4:1). 예수님께서는 거짓 선지자들을 헤아리고 시험하는 데 사용하는 방법 한 가지를 우리에게 주셨습니다. "그의 열매로 그들을 알지니 가시나무에서 포도를, 또는 엉겅퀴에서 무화과를 따겠느냐?"(마태복음 7:16). 그들의 달콤한 말이나 외모에 의해서가 아니라 그들의 삶의 열매를 보고 그들을 알 수 있습니다.

어떤 사람의 가르침에 의문이 있으면 그의 사역의 결과를 자세하게 조사해 보십시오. 그는 영혼들을 그리스도께로 인도하고 있는가? 하나님의 자녀들을 말씀 안에서 견고하게 세워 주고 있는가? 그들이 하나님의 영광을 위해서 살게 하는가, 아니면 개인적인 이익과 세상적인 야망을 위해 살게 하는가? 그리고 거짓 선생들은 교회 안에서뿐 아니라 교회 밖에서도 나온다는 사실을 기억하십시오(사도행전 20:29-30). 그러나 둘 다 한 가지 목적을 가지고 있습니다. 곧 그리스도의 제자들로 하여금 주님으로부터 떠나게 하고, 마귀가 기다리는 품으로 끌어들이는 것입니다.

성경은 거짓 선생들이 반드시 있을 것이라고 말씀합니다.

> 그러나 민간에 또한 거짓 선지자들이 일어났었나니 이와 같이 너희 중에도 거짓 선생들이 있으리라. 저희는 멸망케 할 이단을 가만히 끌어들여 자기들을 사신 주를 부인하고 임박한 멸망을 스스로 취하는 자들이라. 여럿이 저희 호색하는 것을 좇으리니 이로 인하여 진리의 도가 훼방을 받을 것이요, 저희가 탐심을 인하여 지은 말을 가지고 너희로 이를 삼으니 저희 심판은 옛적부터 지체하지 아니하며 저희 멸망은 자지 아니하느니라. (베드로후서 2:1-3)

그들의 가르침은 거짓이요 그들의 길은 부도덕합니다. 그들의 동기는 탐심이요 그들의 운명은 멸망입니다.

베드로후서 1장의 내용에 비추어 이 구절을 살펴봅시다. 베드로후서 1장에서는 거짓 선생들을 대항하기 위하여 세 가지가 필요하다고 강조했습니다. 첫째, 마음으로 하나님과 그 아들 예수 그리스도를 알 것. 둘째, 균형 잡힌 그리스도인의 삶을 부지런히 살 것. 셋째, 기록된 하나님의 말씀에 대한 절대적인 확신을 가질 것. 그는 이렇게 말하고 있는 것입니다. "이것들을 가지고 있으라. 그러면 거짓 교사들이 여러분을 곁길로 인도하는 데에 어려움을 겪을 것이다."

그러나 사도 베드로는 덧붙이기를, 이 거짓말쟁이들은 옛적에도 나타났고, 또다시 나타날 것이라고 했습니다. 마귀는 결코 잠자지 않으며, 결코 우리를 혼자 내버려 두지 않습니다.

늘 공격하고 있습니다. 이스라엘에 거짓 선지자들을 보냈고, 그리스도의 교회에 거짓 선생들을 보낼 것입니다. 풀밭의 뱀처럼 마귀는 보이지 않게 하나님의 백성 가운데 그의 부하들을 넣어 교회 안에 "멸망케 할 이단"을 끌어들입니다.

그는 성공할 것인가? 성공할 것입니다. 많은 사람들이 곁길로 인도될 것입니다. 물론 전부는 아닙니다. 그러나 분명 "여럿이" 마귀의 가르침을 좇을 것입니다. 그로 인해 진리의 도가 훼방을 받을 것입니다. 불신자들은 저들의 부도덕하고 부끄러운 길을 보고, '저런 것이 기독교라면 나는 기독교인이 되지 않겠다'라고 마음을 먹을 것입니다. 누가 그들을 탓할 수 있을까요? 우리 그리스도인들이 참과 거짓을 구별하지 못하는 판에 하물며 그들이 어떻게 구별하겠습니까?

이리하며 거짓 교사들은 영적 전쟁에서 우리에게 이중의 위험이 되고 있습니다. 그들은 교회 내에서 그들을 좇는 자들을 쓸모없게 만들어 버릴 뿐 아니라, 교회 밖에 있는 불신자들로 하여금 기독교를 혐오하고 외면하게 만드는 것입니다. 이것을 보고 마귀는 늘 음흉한 미소를 짓습니다. 왜냐하면 그의 두 가지 큰 목표가 성취되고 있기 때문입니다. 마귀는 그리스도인들을 사상자로 만들 뿐 아니라, 그러한 그리스도인들을 통하여 불신자들에게 걸림돌을 제공함으로써 그들이 천국에 들어가지 못하게 합니다.

대 사기꾼

사탄은 어떻게 이 모든 행동을 합니까? 사탄은 '간계'를 사용합니다. 성경은 이렇게 말합니다. "내가 하나님의 열심으로 너희를 위하여 열심 내노니 내가 너희를 정결한 처녀로 한 남편인 그리스도께 드리려고 중매함이로다. 뱀이 그 간계로 이와를 미혹케 한 것같이 너희 마음이 그리스도를 향하는 진실함과 깨끗함에서 떠나 부패할까 두려워하노라"(고린도후서 11:2-3).

하와는 하나님의 영광을 위해 창조되었습니다. 그러나 사탄의 간교한 속임수에 넘어가 타락했습니다. 하와는 진리를 믿지 않고 거짓을 믿었습니다. 사도 바울은 사탄의 부하들인 거짓 교사들이 고린도 교회에도 침투해 있을지도 모른다고 염려했습니다. 고린도 성도들도 하와처럼 사탄의 간계에 속임을 당할지 모르는 것입니다. "저런 사람들은 거짓 사도요 궤휼의 역군이니 자기를 그리스도의 사도로 가장하는 자들이니라. 이것이 이상한 일이 아니라. 사단도 자기를 광명의 천사로 가장하나니, 그러므로 사단의 일꾼들도 자기를 의의 일꾼으로 가장하는 것이 또한 큰일이 아니라…"(고린도후서 11:13-15).

성경을 보면 마귀는 여러 가지 모습으로 자신을 위장하여 거짓 주장을 펴며 결코 자기의 참모습, 자기의 참목적 또는 자기의 참본질을 드러내지 않는 것을 봅니다. 마귀는 자신의 정체를 좀처럼 드러내지 않습니다. 그는 빛의 천사로 위장하고, 그의 일꾼들을 가르쳐 자기와 같은 일을 하게 할 수 있습니다.

한번 상상해 보십시오. 어둠의 왕국을 확장하기 위해 광명의 천사로 나타날 수 있는 사탄의 능력을!

그러나 바울은 실상을 볼 수 있었습니다. 사탄이 에덴동산에 가만히 들어온 것처럼 거짓 교사들도 고린도 교회에 가만히 들어왔습니다. 이에 바울은 편지를 써서 교회를 경계합니다.

바울은 성령으로부터 직접 한 가지 경고를 받았습니다. "그러나 성령이 밝히 말씀하시기를, 후일에 어떤 사람들이 믿음에서 떠나 미혹케 하는 영과 귀신의 가르침을 좇으리라 하셨으니, 자기 양심이 화인 맞아서 외식함으로 거짓말하는 자들이라. 혼인을 금하고 식물을 폐하라 할 터이나 식물은 하나님이 지으신 바니 믿는 자들과 진리를 아는 자들이 감사함으로 받을 것이니라"(디모데전서 4:1-3). 이 구절에서 바울은 "미혹케 하는 영과 귀신의 가르침"으로 인해 생긴 문제들을 해결해 주기 위해 디모데에게 이야기하고 있습니다.

"미혹케 하는 영"들은 물론 마귀처럼 보이지 않습니다. 그는 가장하고 속이는 데 명수입니다. 성경은 이렇게 말합니다. "이같은 자들은 우리 주 그리스도를 섬기지 아니하고 다만 자기의 배만 섬기나니 공교하고 아첨하는 말로 순진한 자들의 마음을 미혹하느니라."(로마서 16:18).

"공교하고 아첨하는 말"로 미혹한다고 했습니다. 이 거짓 선생들은 대개 말을 잘합니다. 그들의 말은 매우 설득력이 있습니다. 닭 장수에게 오리를 닭이라고 속여 팔 수 있을 정도입니다. 그러나 말은 아주 잘할지 모르나 경건의 능력은 없는 자들이요 사람들을 참으로 경건의 길로 인도하지는 않습니다.

우리 스스로 곁길로 감

거짓 교사들이 사람들로 하여금 본래의 궤도에서 벗어나 곁길로 가게 할 뿐 아니라, 어떤 이들은 스스로 진리에서 벗어나 거짓을 좇습니다.

예수님께서 제자가 치러야 할 값에 대해 말씀하셨을 때 제자들의 반응은 어떠했습니까? "제자 중 여럿이 듣고 말하되, '이 말씀은 어렵도다. 누가 들을 수 있느냐?' 한대"(요한복음 6:60). 많은 사람들이 예수님께 매력을 느껴 주님 주위에 몰려들었습니다. 어떤 이들은 진심으로 그리스도와 함께했고, 어떤 이들은 막연히 함께했습니다. 예수님께서 그들의 충성됨을 시험했을 때 주님의 말씀의 참의미가 그들의 마음속에 파고들기 시작했습니다. 주님의 가르침의 의미를 깊이 생각하지 않았던 자들, 그저 막연히 주님을 따라다녔던 자들과 진정으로 주님께 헌신했던 자들이 가려졌습니다. 그들이 "이 말씀은 어렵도다"라고 했을 때 그것은 이해하기가 어렵다는 것이 아니라 순종하기가 어렵다는 것이었습니다. 그래서 제자 중 많은 사람이 예수님을 떠나갔습니다. "이러므로 제자 중에 많이 물러가고 다시 그와 함께 다니지 아니하더라"(요한복음 6:66). 그들은 제자로서의 삶에서 고개를 돌렸습니다. 자기에게 헌신하라는 예수님의 요청을 예기치 못했던 것입니다. 그래서 되돌아간 것입니다.

많은 사람들은 바른 교훈보다는 허탄한 이야기를 더 좋아합니다. "때가 이르리니 사람이 바른 교훈을 받지 아니하며 귀가 가려워서 자기의 사욕을 좇을 스승을 많이 두고 또 그 귀를 진리에서 돌이켜 허탄한 이야기를 좇으리라"(디모데후서 4:3-4). 그들은 자신의 사욕을 만족시켜 줄 그런 것을 듣기 원합니다. 그들의 편견을 받아주고 좋아하는 교사들을 찾습니다. 그 결과 진리를 버리고 인간이 만든 이야기를 좇습니다.

탕자는 돌아올 수 있다

마귀의 유혹에 끌려 곁길로 갔던 자라도 다시 돌아올 수 있습니다. 하나님께 감사드립시다. 내가 알고 있는 한 청년은 열심 있는 그리스도인이었으나 거짓 선생을 좇다가 믿음에서 떠났습니다. 이것은 주님께서 이미 말씀하신 바입니다. "거짓 그리스도들과 거짓 선지자들이 일어나 큰 표적과 기사를 보이어 할 수만 있으면 택하신 자들도 미혹하게 하리라"(마태복음 24:24).

6년 후 그 젊은이는 자신의 삶을 깊이 반성해 보았습니다. 그는 실패의 삶을 살고 있다고 결론 내렸습니다. 대학원에 가기로 했지만 무엇을 공부해야 할지 몰랐습니다. 그때 자기가 예전에 열심히 그리스도인의 삶을 살았던 것을 기억하고 신학을 공부하기로 결정했습니다. 주님께로 돌아가려는 마음이 있어서가 아니라 호기심이 있기도 했고 뭔가 의미 있는 것을 해야 할 필요가 있었기 때문입니다.

그는 어느 신학교에 들어갔습니다. 그의 말로 하면 그 신학교는 "아무것도 믿지 않는" 그런 곳이었습니다. 그 학교의 신학은 거의 대부분 차가운 이론뿐이었습니다. 그러다 어느 과목을 이수하기 위해 마르틴 루터가 쓴 성경 주석을 몇 권 읽어야 했습니다. 루터의 책을 읽을 때 주님께서는 그의 삶을 붙드셨고 그의 심령을 흔들어 깨우셨습니다. 마침내 그는 그리스도께 다시 헌신하게 되었으며 오늘날 힘 있게 사역을 하면서 주님을 섬기고 있습니다.

어떤 이는 떠날 것입니다. 그리고 어떤 이는 돌아올 것입니다. 우리는 이 두 번째 사실을 기뻐합니다. 그러나 우리는 또한 다음의 경고에 주의해야 합니다. "그런즉 선 줄로 생각하는 자는 넘어질까 조심하라"(고린도전서 10:12).

조언을 주의하라

"복 있는 사람은 악인의 꾀를 좇지 아니하며 죄인의 길에 서지 아니하며 오만한 자의 자리에 앉지 아니하고, 오직 여호와의 율법을 즐거워하여 그 율법을 주야로 묵상하는 자로다. 저는 시냇가에 심은 나무가 시절을 좇아 과실을 맺으며 그 잎사귀가 마르지 아니함 같으니 그 행사가 다 형통하리로다"(시편 1:1-3). 사상자 명단에 들지 않으려면 이 구절에 언급된 세 가지 위험 곧 '악인의 꾀', '죄인의 길', '오만한 자의 자리'를 피해야 합니다. 이 위험을 피하는 방법을 몇 가지 제시합니다.

첫째, 우리는 사람을 잘 가려 조언을 구해야 합니다. 경건치 못한 자들의 조언은 매력적으로 보일지는 모르나 그것이 어디로 인도하겠습니까? 우리는 성경으로 돌아가야 합니다.

둘째, 이 죄악 된 세대의 생활 방식을 받아들여서는 안 됩니다. 수준 낮은 도덕들, 비뚤어진 자아상, 부정직, 권력과 부의 추구, 그리고 탐심 등 이런 것들이 우리를 둘러싸고 있는 세상의 특징입니다. 우리 그리스도인은 하나님 나라의 가치관을 받아들이고 그것을 따라 살아야 합니다.

셋째, 친구를 지혜롭게 선택해야 합니다. 마귀는 교활하며 계략을 사용합니다. 그는 경건하지 못한 자들의 습관을 취하여 매력적으로 보이게 만들 수 있습니다. 우리의 최상의 방어책은 하나님의 말씀입니다.

우리에게 있는 적은 진짜 적입니다. 사탄은 가공의 적이 아닙니다. 그는 실존하는 적입니다. 그의 공격은 교묘하고 강력합니다. 그러나 그 공격은 그리스도께는 아무것도 아닙니다. 그래서 우리는 두려워하거나 염려하지 않습니다. 왜 그렇습니까? 우리 안에 계신 이가 세상에 있는 이보다 크시기 때문입니다.

자녀들아, 너희는 하나님께 속하였고 또 저희를 이기었나니 이는 너희 안에 계신 이가 세상에 있는 이보다 크심이라. (요한일서 4:4)

우리 주 예수 그리스도로 말미암아 우리에게 이김을 주시는 하나님께 감사하노니. (고린도전서 15:57)

제 II 부

적의 집중 공격

5
새 신자

갓난아이였습니다. 누가 버린 모양이었습니다. 너무도 지쳐서 이제는 울 기력도 없는지 멍하니 허공을 응시하며 밀림의 덤불 속에 아무 움직임도 없이 누워 있었습니다. 얼마 안 있어 그는 영원히 눈을 감을 것입니다. 아니면 적도의 나무 밑에서 숨어 기다리고 있는 야수들에게 발견되어 죽임을 당할지도 모릅니다.

그러나 감사하게도 아기는 사람들에게 먼저 발견되었습니다. 한 부부가 덤불을 헤치고 길을 내다가 아기를 발견했습니다. 부인이 아기를 팔에 안고 오두막으로 데리고 갔고 거기서 아기는 사랑과 귀여움을 받으며 양육되었습니다.

그런데 그 후 부부는 집안 형편이 극도로 쪼들리게 되어 그 아이를 계속 키워야 할 것인지 다시 생각하지 않을 수 없었습니다. 그들은 하루하루 가까스로 목구멍에 풀칠해 나가는 형편이 되어 도저히 그 어린 소년을 키울 수가 없었습니다. 그래서 그 부부는 아이를 대신 맡아서 키울 사람을 찾았습니다. 나서는 사람이 아무도 없었습니다. 마침내 하나님의 섭리로 그 부부는 인근 섬에서 고아원을 운영하는 한 신사를 만났고 아이를 그 사람에게 맡기고 돌아왔습니다.

그 신사는 소년의 이름을 "모세"라고 지었습니다. 갈대 사이에서 발견된 구약성경의 모세의 이름을 아마 딴 것 같습니다. 그러나 그의 장래는 무엇입니까? 가난과 기근과 탐욕과 미움과 범죄, 정치적 불안, 그리고 전쟁에서 고통받는 세상에서 그는 성장할 것입니다. 그가 과연 이런 것들을 극복할 수 있을까요? 그의 미래는 불확실하다고 말할 수밖에 없습니다.

버려진 아이들

앞에서 이야기한 이 모세라는 아이처럼 그리스도 안에서 갓 태어난 아기도 위험으로 가득 차 있는, 낯설고 불안한 세상에 태어납니다. 그는 새로운 피조물입니다(고린도후서 5:17). 그는 생존하는 방법, 어려움과 유혹을 극복하는 방법, 그의 새로운 주인인 하나님과 동행하는 방법을 배워야 합니다.

그는 외국 땅에 들어간 것입니다. 여러 가지 당황케 하는 경험을 할 것입니다. 나는 최근 네덜란드에서 기차 여행을 하면서 이것을 배웠습니다. 나는 요금도 잘 몰랐고 또 언제 기차를 내려야 하는지도 몰랐습니다. 모든 시스템이 분명히 그 환경을 잘 아는 그곳 사람들 위주로 운영되고 있었습니다.

그 시스템을 잘 아는 한 친구가 내게 말했습니다. "시계를 보고 있다가 11시 45분을 가리키면 내리게."

"하지만 기차가 늦으면 어떻게 하지?"

"그런 일은 없을 것이네. 나를 믿게. 11시 45분에 내리게."

그래서 나는 기차를 타고 시계를 쳐다보고 있다가 11시 45분에 내렸습니다. 그랬더니 정말 나를 만날 친구가 거기에 있었습니다. 그러나 나는 그날 하루 종일 불안했다고 고백하지 않을 수 없었습니다.

아무리 나이가 들었건, 그리고 인생에 대하여 얼마나 많이 알든, 그리스도께 나오면 그는 다른 세계에 직면하게 됩니다. 어느 의미에서 모든 것을 다시 시작해야만 합니다. 불행하게도 그는 적대적인 환경 가운데 태어납니다. 세상과 육신과 마귀가 그의 발전을 막고 성장을 방해하며, 앞길에 함정을 파 놓아 그를 사상자 명단에 넣으려고 온갖 노력을 다합니다.

얼어 죽을 위험

최근 얼어 죽은 아이에 대해 읽은 적이 있습니다. 이 비극은 또한 영적으로 말하자면 새로운 그리스도인에게도 일어날 수 있습니다. 그는 교회를 찾아 나서지만 영적으로 아주 냉랭한 교회에 나가게 되어 마침내는 "얼어 죽습니다."

사람들이 처음 그리스도를 믿게 되면 교회를 찾다가 대개 집 근처에 있는 교회에 나갑니다. 한 부부가 그리스도를 믿고 근처의 교회에 나갔습니다. 그런데 그 교회는 영적으로 냉랭한 교회였습니다. 그들은 그 교회가 복음을 강조하지 않는다는 것을 모르고 있었고, 또 그것이 어떤 차이를 가져다주는지도 몰랐습니다. 그들은 계속 그 교회에 나가면서 여러 가지 활동에 참여하려고 힘썼습니다. 자기들이 정상적인 신앙생활을 하고 있다고 생각했습니다. 그러나 영적으로 추위를 느꼈습니다. 영적으로는 서서히 얼어 죽어가고 있었습니다. 이것이 20년, 30년 계속될 수도 있습니다.

또 한 부부가 있었습니다. 앞에서 이야기한 부부와는 달리 이 부부가 나가게 된 교회는 열심이 있고 성경을 부지런히 가르치며 그리스도 중심이며 선교에 관심이 있는 교회였습니다. 그들은 성경의 가르침을 따라 살기 시작합니다. 복음을 증거하는 것을 배우고 친구와 친척과 이웃들을 그리스도께로 인도합니다. 주님의 지상사명 성취를 위해 그들이 받은 은사와 기도로써 지원합니다.

얼마나 대조가 됩니까? 무엇이 그 차이를 만들었을까요? 첫 번째 경우는 아이스박스 속으로 걸어 들어갔고 얼마 후 그들의 영적인 생명의 빛은 깜빡거리다가 매우 약해져서 이제는 거의 알아볼 수도 없을 지경입니다. 두 번째 경우는 따뜻한 그리스도인의 교제에 참여했고 그들의 영적인 불은 점점 타올랐습니다.

이러한 차이를 알고 있는 우리는 새로운 그리스도인들이 주님을 향해 계속 뜨거움을 유지할 수 있도록 도와주어야 합니다.

굶어 죽을 위험

신문에 보면 아무도 돌보지 않아 굶어 죽은 아기들의 비극적인 이야기가 종종 실리는 것을 봅니다. 영적으로도 이러한 슬픈 사건이 일어날 수 있습니다. 그리스도 안의 새로운 갓난아기들도 젖 곧 영적인 음식이 필요합니다. 그것은 곧 하나님의 말씀입니다.

성경을 가르치고 있지 않는 교회에서 새 신자가 맞이하는 위험에 대해 생각해 보십시오. 그는 선포되는 성경 말씀을 들어야 하며, 말씀을 읽어야 하며, 말씀을 공부하고, 말씀을 암송해야 합니다. 물론 처음부터 한꺼번에 이 모든 것을 할 필요는 없습니다. 조금씩 조금씩 해야 합니다. 이러한 영양 섭취 없이 그가 어떻게 살아남을 수 있겠습니까? 또 영양 섭취를 잘 못하면 그의 성장은 아주 더딜 것입니다.

영적인 갓난아기는 특히 성경적인 영양 공급과 교제가 필요하기 때문에 우리는 가능한 한 빨리 그를 그리스도인의 교제 가운데로 데리고 가야 합니다. 나는 그리스도인의 교제에 열심히 참여하지 않고서도 신앙생활을 꾸준히 잘하는 사람을 보지 못했습니다. 예외가 있을 수는 있겠지만 나는 아직 한 사람도 만나지 못했습니다. 그리스도 안의 갓난아기에게도 역시 가족이 필요합니다. 그리스도 안에서 한 가족이 된 형제 자매들의 따뜻한 사랑과 교제가 필요한 것입니다.

　나 역시도 그랬습니다. 새로운 그리스도인으로서 내가 받았던 가장 큰 축복 가운데 한 가지는 칼 누리가드 부인이 가르치는 교회학교의 젊은 부부 반에 참석하게 된 것이었습니다. 그 부인은 성경 말씀을 가르쳤고, 아내와 나는 그 말씀을 부지런히 먹었습니다. 우리는 매주일 그 시간이 너무도 기다려졌습니다. 그 교회는 진실로 성경에 기초하고 있었습니다. 목사님은 성경 말씀을 선포했습니다. 누리가드 부인은 성경을 가르쳤고, 참석자들은 그 말씀대로 살았습니다! 그 성경공부 시간들은 우리 삶의 모든 영역에 깊은 변화를 가져다주었습니다. 심지어 우리 집 냉장고까지도 바뀌었습니다. 거기에는 더 이상 맥주가 들어 있지 않게 되었습니다. 나는 술을 끊었고 담배도 끊었습니다. 나는 포커를 하며 일요일 오후를 허비하는 대신에 새로 사귄 이웃들과 하나님의 말씀을 공부하며 보냈습니다.

　나는 이 그리스도인들에게 매료되었습니다. 완전히 반한 것입니다. 우리 그룹에는 은행원, 이발사, 목수, 정비공, 기타 몇 사람이 있었습니다. 그들은 평범한 사람들이었지만 모두 성경에 정통하였습니다. 우리 부부도 그들과 같은 통찰력과 이해를 갖고 싶었습니다. 그 형제 자매들은 기도의 삶을 본을 통하여 가르쳐 주었습니다. 그들의 영향을 통해 나의 언어 습관은 매우 좋아졌습니다. 해병대를 제대하고 철도 회사에서 역무원으로 근무하면서 나는 상스러운 말을 입에 밸 정도로 잘 사용했습니다. 그러나 점차 그런 말들이 나의 입에서 사라졌습니다. 그 후 우리 부부는 영적으로 성숙한 한 그리스도인을 만났고, 그는 우리에게 성경 읽기와 공부, 성경 암송을 체계적으로 도와주었고, 우리는 영적으로 계속 잘 양육을 받았습니다.

내가 영적으로 어린 시절에 겪었던 이러한 것들을 돌이켜보면서, 나는 새로운 그리스도인들에게 무엇을 먹여 주어야 하는가를 알게 되었습니다. 주님께서는 그때의 경험을 사용하신 것입니다. 언젠가 어떤 사람이 내게 이런 말을 했습니다. "당신은 새로운 그리스도인들에게 영적 양식을 먹여 주는 것에 정말 열심이 있군요."

나는 이렇게 대답했습니다. "나는 이 일에 대해 그저 열심이 있는 정도가 아닙니다. 나는 완전히 미쳐 있습니다." 영적 양식은 새 신자의 성장에 필수적입니다.

병에 걸릴 위험

한 십대 소년이 선교사인 부모와 함께 해외에서 살다가 미국으로 돌아왔습니다. 그는 학교 등록 서류에 기재한 후 어린 시절에 어떤 병에 걸린 적이 있는지 질문을 받았습니다. 그는 이렇게 대답했습니다. "예, 보통 어린 시절에 앓는 병들이죠. 말라리아, 뎅기열, 간염, 이질, 콜레라 등 여러 가지입니다."

한 사람이 하나님의 가족으로 태어날 때 그는 여러 영적 질병으로 가득 찬 세상에 태어납니다. 새 신자가 영적으로 병들어 있는 모습을 보는 것은 얼마나 비극인지 모릅니다. 병에 걸리면 입맛이 없어져서 하나님의 말씀을 먹고 싶어 하지 않습니다. 주님을 위해 일하고 싶어 하지도 않습니다. 여러 가지 일을 하고 싶지도 않습니다. 그냥 만사가 귀찮습니다. 그저 조용히 있고 싶어 합니다.

이 영적 질병들은 무엇입니까? 왜 그것들이 그토록 위험합니까? 베드로전서 2:1-2은 이 문제에 대하여 통찰력을 제공하고 있습니다. "그러므로 모든 악독과 모든 궤휼과 외식과 시기와 모든 비방하는 말을 버리고, 갓난아이들같이 순전하고 신령한 젖을 사모하라. 이는 이로 말미암아 너희로 구원에 이르도록 자라게 하려 함이라." 여기에 보면 영적 질병이 몇 가지 나옵니다. 모든 악독, 모든 궤휼, 외식, 시기, 모든 비방하는 말이 그것입니다. 만일 그것이 치료되지 않은 채로 있게 되면 영적 식욕 감퇴를 일으키고 새 신자의 영적 성장을 방해할 것입니다. 외식, 시기, 모든 비방은 이러한 영적 "위장 장애"를 일으킬 수 있으며, 그렇게 되면 하나님의 말씀을 섭취하고자 하는 욕구가 없어지게 됩니다. 게으름, 훈련의 부족, 교만, 남의 인정을 바람, 그리고 명예욕 등과 같은 기타 질병들도 마찬가지입니다. 사실상 그리스도를 닮은 것이 아닌 것은 모두 그리스도인에게는 비정상적인 것이라고 할 수 있습니다.

우리는 새로운 그리스도인들이 영적 질병들을 피하는 법을 배울 수 있도록 해 주어야 합니다. 또 그들이 어떤 질병에 걸렸을 때 다시 건강을 회복하도록 도와주어야 합니다. 그러기 위해서는 우리 자신이 그들을 도와줄 수 있도록 준비를 갖추어야 합니다. 또한 하나님께서는 새 신자들의 질병을 고치시는 일에 주님의 자녀들의 기도를 사용하십니다.

부적당한 식사의 위험

잘못된 음식을 먹는 것 역시 그리스도인을 사상자 명단에 오르게 할 수 있습니다. 새 신자들은 특히 영향을 받기 쉽습니다. 성경 말씀이 영적 성장을 위한 음식이라는 것은 이미 언급한 바 있습니다. 또한 건전한 기독교 서적은 하나님의 성령에 의해 사용되어 새 신자의 세상적 사고방식을 변화시키고, 그리스도인의 사고방식에 대한 통찰력과 지침을 제공할 수 있습니다. 영적인 갓난아기에게는 그가 주님을 믿기 전에 사로잡혀 있었던 세상적 사고방식을 대체할 것이 필요합니다. 그의 마음에 쌓인 쓰레기를 다 치워 버리고 대신 하나님의 말씀으로 가득 채워야 합니다.

나와 아내가 공군사관학교 생도들을 대상으로 선교 사역을 할 때, 우리는 그들이 그때까지 "먹어 왔던" 부도덕한 것들을 근절시키려고, 건전하고 유익한 기독교 서적들을 그들에게 소개해 주었는데, 이 일은 우리의 기쁨이었습니다. "나쁜" 음식은 그들의 성장에 해를 줍니다. 대부분의 생도들이 콘도그 두 개와 콜라 한 잔으로 아침 식사를 때우는데, 이것이 그들의 건강에 해를 줍니다. 마찬가지로 '영적 정크 푸드'는 그들을 영적으로 약하게 만드는 것입니다. 그리고 나아가 그들로 하여금 편식을 하게 하여 질적인 영양 섭취를 하고 싶은 식욕을 사라지게 할 것입니다.

그런데 이 영역에서 너무 지나칠 수가 있습니다. 나는 그리스도인이 된 후 성경 이외의 것은 아무것도 읽어서는 안 된다고 생각했습니다. 그때 나를 영적으로 도와주던 분이 이러한 나를 바로잡아 주었습니다. "앤드류 머리, 조지 뮐러, 찰스 스펄전과 같은 사람들과 한번 시간을 보내 보지 않겠습니까?" 하고 그는 제안했습니다.

"예, 그러지요" 하고 나는 대답했습니다.

"그들의 책을 읽으면 당신의 편견이 사라질 것입니다. 당신은 그들의 경험으로부터 배울 수 있습니다. 그 책들을 통해 하나님께서 그들에게 가르쳐 주신 것들을 당신도 나누어 가질 수가 있습니다." 그런데 한 가지 덧붙이고 싶은 것은 이러한 경건한 책들이 아무리 좋아도 우리의 주식이 되어서는 안 된다는 것입니다. 우리의 주식은 늘 성경이어야 합니다.

새로운 갓난아기가 그의 식사를 개선할 수 있도록 돕기 위해 당신이 할 수 있는 것을 모두 하십시오. 그의 장래가 거기에 달려 있을지도 모릅니다.

어린이 학대의 위험

최근 미국 사회에 아동 학대라는 문제가 충격을 던지고 있습니다. 학대는 그 어린이가 잘 알고 있는 신뢰하는 사람들에 의해 자행되는 경우가 흔합니다. 어린이 학대는 영적으로도 가능합니다. 분별력 없는 그리스도인들이 그럴 수도 있고, 불신자들이 그럴 수도 있습니다. 나는 최근 그리스도를 믿은 한 청년의 삶 속에서 불신자들이 미치는 영향을 지켜본 적이 있습니다. 그의 옛 술친구들이 "우리 모두 힘을 합해 그 녀석을 곁길로 가게 만들어 보자" 하고 결심했습니다. 그들은 매우 영리했고 설득력이 있었습니다. 그들은 함께 모여 우스갯소리를 하면서 "그 즐거웠던 밤들"을 상기시켰습니다. 이윽고 그 젊은이는 다시 거기에 마음이 솔깃하게 되었고, 그들은 모두 함께 술집으로 향했습니다. 그들은 술을 많이 마시지는 않기로 했습니다. 그들은 이렇게 말했습니다. "옛날을 기억하는 의미에서 딱 한 잔만 하자구!" 그렇게 했다고 해서 그에게 아무 해될 게 없을 것이라고 그들은 그를 안심시켰습니다.

그러나 문제가 있었습니다. 그 후에도 그는 그 친구들과 어울렸고 그들을 좋아했고 그들을 믿었습니다. 그는 그들이 그가 없는 데서 그를 비웃고 있다는 사실을 깨닫지 못했습니다. 이것이 영적 어린이 학대의 한 형태입니다.

부모의 무지의 위험

마지막으로 새 신자에게 닥치는 또 하나의 위험은 "부모의 무지"입니다. 엄마가 되는 것에 대하여 아무것도 모른 채 아이를 낳는 십대 미혼모를 신문 등을 통하여 자주 접합니다. 그들의 아기는 잘못 다루어진 경우가 많습니다. 지식이 없기 때문입니다. 이는 영적 영역에서도 일어날 수 있습니다. 한 사람을 그리스도께로 인도하고 나서 그가 "우리 주 곧 구주 예수 그리스도의 은혜와 저를 아는 지식에서 자라" 가도록(베드로후서 3:18) 도와주는 방법을 모른다면 어떻게 되겠습니까? 새 신자는 올바로 양육을 받을 수 없게 될 것입니다. 이는 크나큰 불행입니다.

다행히도 이 문제는 최근 많이 해결되었습니다. 수양회와 책과 세미나 등을 통해서 많은 그리스도인들이 영적 부모로서의 책임을 깨닫게 되었고, 새로운 그리스도인들을 어떻게 보살피고 먹여 주어야 하는지에 대해 교육을 받게 되었습니다.

그리스도를 영접한 후 처음 몇 주 또는 몇 달 동안 새 신자의 영적 생활에 있어서 필수적인 네 가지 요소를 들면 다음과 같습니다.

1. **구원의 확신**. 영적 성장은 자신이 하나님의 자녀라는 강한 확신으로부터 시작됩니다. 우리는 새 신자가 자신이 구원받은 사실을 하나님의 말씀에 근거하여 다른 사람에게 확신 있게 이야기할 수 있도록 도와주어야 합니다. 이렇게 하기 위해서는

그에게 복음의 내용을 여러 번 다시 설명해 주어야 할지도 모릅니다. 새 신자에게 당신의 간증을 나눔으로써 당신이 어떻게 구원을 확신하게 되었는가를 보여 주는 것도 도움이 됩니다. 이 영역에서 도움이 되는 성경 말씀은 다음과 같습니다.

또 증거는 이것이니 하나님이 우리에게 영생을 주신 것과 이 생명이 그의 아들 안에 있는 그것이니라. 아들이 있는 자에게는 생명이 있고 하나님의 아들이 없는 자에게는 생명이 없느니라. (요한일서 5:11-12)

영접하는 자 곧 그 이름을 믿는 자들에게는 하나님의 자녀가 되는 권세를 주셨으니, 이는 혈통으로나 육정으로나 사람의 뜻으로 나지 아니하고 오직 하나님께로서 난 자들이니라. (요한복음 1:12-13)

2. **경건의 시간**. 경건의 시간이란 주님과만 단둘이 조용히 교제하는 시간입니다. 새 신자로 하여금 성경을 읽고 묵상하며 기도를 하기 위해 하루 중 일부를 떼어 놓게 하십시오. 당신이 이 경건의 시간을 어떻게 갖는지 이야기해 주는 것이 도움이 됩니다. 그리고 당신이 이 시간을 통해 얻는 축복을 몇 가지 나누십시오. 때로는 새 신자와 함께 경건의 시간을 가지십시오. 이와 관련된 성경 말씀을 다음과 같습니다.

새벽 오히려 미명에 예수께서 일어나 나가 한적한 곳으로 가사

거기서 기도하시더니. (마가복음 1:35)

여호와여, 아침에 주께서 나의 소리를 들으시리니 아침에 내가 주께 기도하고 바라리이다. (시편 5:3)

"하나님과 함께 7분간"(네비게이토 출판사 발행)이라는 소책자는 이 면에서 새 신자에게 도움이 됩니다.

3. 방해와 난관에 대한 사전 준비. 위험에 대해 아무 경고도 받지 않고 무지한 가운데 있는 것은 위험합니다.

남부 캘리포니아에서 파도타기를 배우려고 했던 그날을 기억합니다. 해변에 도착하자 친구들은 내게 파도타기의 기본적인 개념을 설명해 주었고 나는 열심히 배웠습니다. 청명하고 바람 부는 날이었습니다. 바다 멀리에는 노란색 깃발들이 펄럭이고 있어서 해변의 아름다움을 더해 주었습니다. '저렇게 예쁜 노란 깃발로 바다를 수놓다니 참 멋있다' 나는 생각했습니다.

나는 밀려오는 파도 속으로 첨벙 뛰어들어 꽤 멀리 나가 수영하면서 큰 파도가 오기를 기다렸습니다. 드디어 큰 파도가 오자 나는 뛰어올라 파도 꼭대기에 탔습니다. 그리고 해변을 향해 나아가기 시작했습니다. 그런데 그 순간 곤두박질쳐서 몸이 거꾸로 뒤집혔습니다. 머리가 모래사장에 파묻혔습니다.

그다음 해안에서 되물러가는 물결이 나를 확 잡아당기면서 바다 쪽으로 끌어갔습니다. 바다로 끌려가지 않으려고 필사적으로 몸부림치며 싸웠습니다. 발로 차기도 하고 바둥거리기도

하면서 온갖 방법을 다 동원하여 저항했습니다. 한참 만에 기진맥진하여 모래사장으로 기어 올라왔습니다. 그러자 친구들이 내게 말하는 것이었습니다. "저 예쁜 노란 깃발들은 초보자들에게 조심하라고 경고하는 표시라구. 거기서 파도타기는 위험해. 특히 초보자들에게는 그렇지." 어휴, 이제야 말해 주다니!

그러나 주님께서는 그 사건을 통하여 내게 깨우쳐 주신 것이 있는데, 하나의 작은 경고가 앞으로 닥칠 위험들에 대비해 새 신자를 준비시켜 줄 수 있다는 것이었습니다. 이 면에서 도움을 주는 성경 말씀은 다음과 같습니다.

> 사람이 감당할 시험 밖에는 너희에게 당한 것이 없나니 오직 하나님은 미쁘사 너희가 감당치 못할 시험 당함을 허락지 아니하시고 시험 당할 즈음에 또한 피할 길을 내사 너희로 능히 감당하게 하시느니라. (고린도전서 10:13)

> 우리 주 예수 그리스도로 말미암아 우리에게 이김을 주시는 하나님께 감사하노니. (고린도전서 15:57)

> 두려워 말라 내가 너와 함께함이니라 놀라지 말라 나는 네 하나님이 됨이니라 내가 너를 굳세게 하리라 참으로 너를 도와주리라 참으로 나의 의로운 오른손으로 너를 붙들리라. (이사야 41:10)

4. 사죄의 확신. 우리 모두와 마찬가지로 새 신자도 때로는

죄에 빠질 것입니다. 그때는 어떻게 해야 합니까? 다시 그리스도를 영접하고 다시 거듭나야 합니까? 물론 아닙니다. 요한일서 1:9 말씀을 적용해야 합니다. "만일 우리가 우리 죄를 자백하면 저는 미쁘시고 의로우사 우리 죄를 사하시며 모든 불의에서 우리를 깨끗케 하실 것이요."

그리스도 안에 있는 갓난아기는 그의 죄에 대한 용서가 하나님의 약속에 근거하고 있다는 사실을 배워야만 합니다. 요한일서 1:9 외에 도움이 되는 말씀은 다음과 같습니다.

> 허물의 사함을 얻고 그 죄의 가리움을 받은 자는 복이 있도다.
> (시편 32:1)

> 시험에 들지 않게 깨어 있어 기도하라 마음에는 원이로되 육신이 약하도다 하시고. (마가복음 14:38)

고린도 성도들에게 한 바울의 말은 양육에 참여하고 있는 사람에게 또 하나의 책임을 가르쳐 주고 있습니다. "이같이 너희가 형제에게 죄를 지어 그 약한 양심을 상하게 하는 것이 곧 그리스도에게 죄를 짓는 것이니라"(고린도전서 8:12). 우리는 새 신자의 약한 양심을 상하게 하는 행동을 피해야 합니다. 그를 걸려 넘어지게 하는 것은 그에게 죄를 짓는 것일 뿐 아니라 주님께 죄를 짓는 것입니다.

새 신자가 당신의 삶을 모방하는 것은 당연합니다. 그에게 당신의 삶은 그리스도인의 삶이 어떠해야 하는가에 대한 하나의 모델입니다. 그래서 바울은 이렇게 덧붙입니다. "그러므로 만일 식물이 내 형제로 실족케 하면 나는 영원히 고기를 먹지 아니하여 내 형제를 실족치 않게 하리라"(고린도전서 8:13).

우리가 새 신자에게 보잘것없는 본을 보여 줌으로써 아무 도움도 주지 못하게 되면 새 신자는 많은 문제에 직면하게 됩니다. 우리는 항상 새 신자에 대한 사랑과 관심을 가지고 그리스도 안에서의 우리의 자유를 잘 사용해야 합니다. 어떤 때는 그들을 위해 우리의 자유를 제한해야 할 때도 있습니다. 영적 어린아이는 새롭고 낯선 세계에 들어왔습니다. 그들의 안내자가 되는 것은 큰 특권입니다. 빌립보 성도들에게 한 바울의 말을 기억하십시오. "너희는 내게 배우고 받고 듣고 본 바를 행하라 그리하면 평강의 하나님이 너희와 함께 계시리라"(빌립보서 4:9).

당신이 만일 새 신자라면 사상자 명단에 들지 않기 위해서 당신이 할 수 있는 일이 있습니다. 내가 그리스도를 영접한 후, 성장한 그리스도인들은 내게 성경 말씀에 대한 갈망을 주시도록 하나님께 기도하라고 가르쳐 주었습니다. 정말 좋은 충고였습니다.

마귀는 당신이 너무 바빠서 성경 말씀을 배울 시간이 없도록, 너무 바빠서 기도할 시간이 없도록, 너무 바빠서 다른 그리스도인들과 교제할 시간이 없도록 할 것입니다. 당신이 실제로 바쁠 수도 있으나, 사탄은 당신의 마음속에 '나는 바쁘다'는 마음을 갖게 함으로써 성경을 보고 기도하고 교제하는 일에 시간을 떼어 놓지 못하게 합니다. 마귀가 이렇게 할 수 있게 되면 그는 당신과의 싸움에서 승리한 것입니다. 당신은 어떻습니까? 정말로 시간이 없습니까? 아니면 단지 마음이 바쁩니까? 당신이 사상자 명단에 들지 않기를 원한다면 당신의 시간 계획 속에 성경을 보고 기도하고 교제하는 시간을 반드시 넣도록 하십시오. 그렇게 하기 위해서는 당신이 즐기는 어떤 것들을 희생시켜야 할지도 모릅니다. 나는 새 신자 시절 풀장 근처에 어슬렁거리지 않으며, 영화 보는 일에 시간을 쓰지 않기로 결심했습니다. 이것이 어떤 것일지는 각 사람마다 다를 것입니다. 신문을 보는 시간을 줄이는 것이 될 수도 있고, TV 앞에서 보내는 시간을 줄이는 것이 될 수도 있고, 인터넷 하며 보내는 시간을 줄이는 것이 될 수도 있습니다. 어쨌든 그것이 무엇이든지 간에 그렇게 하는 것은 참으로 가치 있는 일이라는 사실을 분명히 기억하기 바랍니다.

그러면 당신은 즐겁고 재미있는 모든 것을 포기해야 합니까? 그런 것은 아닙니다. 그러나 당신이 영적으로 성장하며 그리스도인의 삶이라는 영적 전투에서 생존하며 승리하기 위해 꼭 필요한 훈련을 받기 위해서는 당신의 시간 계획을 바꾸어야 할지도 모르는 것입니다.

6
제자

"**넌** 커서 뭐가 되고 싶니?" 나는 어렸을 때 이런 질문을 여러 번 받았습니다. 처음에는 카우보이가 되고 싶었고, 그다음에는 메이저리그 투수가, 그다음에는 비행기 조종사가 되고 싶었습니다. 결국 나는 그중에 어느 것도 되지 않았습니다. 하지만 나는 그리스도의 제자가 되었습니다. 내가 어린 시절 꿈에도 생각지 않았던 것이었습니다.

그리스도의 제자가 되는 일이 어떻게 해서 일어납니까? 어떤 요소들이 한 사람으로 하여금 영적으로 성장하며, 예수님의 제자로서 열매 맺는 삶을 살게 해 줍니까? 그리고 성장의 길에는 어떤 위험들이 놓여 있습니까? 즉 제자를 사상자 명단에 들게 하려고 기다리고 있는 위험들은 무엇입니까?

이 장에서는 성장하는 제자에게 닥치는 주요한 방해물을 살펴보고, 아울러 그리스도의 제자가 어떻게 하면 계속 "전투 가능 병력 명단"에 머물 수 있는가를 살펴보고자 합니다. 사도 요한은 다음과 같이 말했습니다.

> 자녀들아 내가 너희에게 쓰는 것은 너희 죄가 그의 이름으로 말미암아 사함을 얻음이요, 아비들아 내가 너희에게 쓰는 것은 너희가 태초부터 계신 이를 앎이요, 청년들아 내가 너희에게 쓰는 것은 너희가 악한 자를 이기었음이니라. 아이들아 내가 너희에게 쓴 것은 너희가 아버지를 알았음이요, 아비들아 내가 너희에게 쓴 것은 너희가 태초부터 계신 이를 알았음이요, 청년들아 내가 너희에게 쓴 것은 너희가 강하고 하나님의 말씀이 너희 속에 거하시고 너희가 흉악한 자를 이기었음이라. (요한일서 2:12-14)

이 구절에서 세 종류의 사람을 언급하고 있습니다.

1. "아이들/자녀들." 이들은 그리스도 안에서 새로 태어난 갓난아이들입니다. 이들에 대해서는 앞 장에서 살펴보았습니다.

2. "청년들." 이들은 주님과 견고하게 동행하고 있는 그리스도인들입니다. 그들은 "강하고, 악한 자를 이긴" 사람들입니다. 그들은 악한 자와 어떻게 싸우며, 또 어떻게 그를 정복하는가를 배운 사람이입니다.

3. "아비들." 이들은 하나님을 깊이 알고 있는 오래된 제자들입니다. "아비"라는 말은 자녀를 전제로 하고 있습니다. 그러므로 이들은 영적 추수 터에서 다른 사람들을 제자로 삼는

일에 열매를 맺고 있는 사람들입니다. 그들은 어떻게 제자를 삼는지를 알고 있을 뿐만 아니라 실제로 많은 경험을 가지고 있는 사람들입니다.

이 장에서는 두 번째 그룹인 "청년들"에 대하여 살펴보고자 합니다. 그들은 그리스도를 그들의 삶의 중심에 모신 사람들입니다. 하나님의 말씀에 굳게 뿌리를 내리고 있는 사람들입니다. 효과적인 기도의 삶을 확립하고 유지하고 있으며, 그리스도 안에 있는 형제 자매들과의 교제 가운데 열심히 참여하고 있으며, 또한 구원받지 못한 사람들에게 복음을 전하고 있습니다. 그들은 그리스도인의 삶에서 "아비"를 향하여 열심히 성장하고 있는 사람들입니다.

그들은 어떻게 그렇게 될 수 있었을까요? 많은 사람들이 이 단계에 다다르기 전에 사상자 명단에 들고 마는데, 이들은 어떻게 살아남았고 성장하였을까요?

목 표

이 질문들에 대답하기 위해서는 제자의 목표를 살펴보아야 합니다. 제자는 어디에 목표를 두어야 합니까?

제자의 가장 중요한 목표는 성장입니다. 영적으로 성숙하고 헌신되며 열매를 맺는 것입니다. 베드로는 우리에게 그리스도의 은혜와 주님을 아는 지식에서 자라 가라고 촉구했습니다

(베드로후서 3:18). 아기가 아기처럼 행동하는 것은 당연합니다. 그러나 그 아기가 세월이 흘러도 자라지 않는다면 그것은 비극입니다.

그리스도께 대한 헌신은 제자의 또 하나의 확실한 표시입니다. 그것은 제자가 더 이상 자신을 위해 살지 않고 그리스도를 위해 사는 것을 의미합니다. 자기 중심적인 삶이 아닌 그리스도 중심의 삶을 의미합니다. 그리스도의 뜻에 굴복할 때 제자는 그를 위해 죽으셨다가 다시 사신 주님을 위해 사는 것입니다(고린도후서 5:15).

열매 맺는 삶 역시 성장하는 그리스도인의 목표에 포함되어 있습니다. 예수님께서는 "너희가 과실을 많이 맺으면 내 아버지께서 영광을 받으실 것이요 너희가 내 제자가 되리라"라고 말씀하셨습니다(요한복음 15:8). 열매는 그리스도와의 지속적인 교제 가운데 있을 때 맺습니다. 예수님께서는 이렇게 말씀하셨습니다. "나는 포도나무요 너희는 가지니 저가 내 안에, 내가 저 안에 있으면 이 사람은 과실을 많이 맺나니 나를 떠나서는 너희가 아무것도 할 수 없음이라"(요한복음 15:5).

세 가지 적

자연히 제자로 하여금 성장하지 못하며 헌신하지 못하며 열매 맺지 못하게 하는 세력들이 있게 마련입니다. 다음 구절에서 예수님은 그중 세 가지를 말씀하십니다. "세상의 염려와 재리의 유혹과 기타 욕심이 들어와 말씀을 막아 결실치 못하게 되는 자요"(마가복음 4:19).

여기에서 주님께서는 관심이 이생의 일에 쏠려 있는 자들에 대하여 언급하고 계십니다. 그들은 단지 생활비를 벌기 원하고 있는 게 아니라 이 세상의 좋은 것들을 더 많이 갖기를 원하고 있습니다. 성경 말씀보다는 주식 동향에 더 관심이 있습니다. 그들은 결코 만족하지 못하고, 항상 더 많은 것, 더 최신 것, 가장 유행하는 것을 갖고 싶어 합니다.

그들의 집은 온갖 값진 것으로 가득 채워져 있고, 그들의 옷장과 차고와 거실은 꽉꽉 차고 넘치며, 그들은 "보다 더 크고 멋지고 좋은" 것을 사들이기 위해 이전 것들을 버려야 할 정도이며, 그 방법 때문에 염려합니다.

그다음으로 주님께서는 "재리의 유혹"에 대하여 말씀하십니다. 성경은 여러 곳에서 부[재리]는 두 가지 방법으로 우리를 속인다고 가르칩니다. 첫째, 부는 "정함이 없습니다"(디모데전서 6:17). 성경은 이렇게 말합니다. "네가 어찌 허무한 것에 주목하겠느냐? 정녕히 재물은 날개를 내어 하늘에 나는 독수리처럼 날아가리라"(잠언 23:5). 재물은 오늘 있다가 내일은 사라져 버릴지도 모릅니다. 부가 자기를 안전하게 해 줄 것이라고 생각하는 사람은 곧 환멸을 느끼게 될 것입니다.

둘째, 재물은 결코 우리의 마음을 만족시켜 주지 못합니다. 그러나 많은 사람들이 재물에서 만족을 구하고 있습니다. 그들은 재물에게 속고 있는 것입니다. 미국의 최대 기업 중의 하나에서 높은 자리에 있는 한 사람과 최근 저녁 식사를 한 적이 있습니다. 그는 권력과 명예와 거대한 부를 가지고 있었습니다. 그러나 그는 사람들을 그리스도께로 인도하는 일에 그의 남은 생애를 바치기로 하고 그 재물을 포기했습니다. 그 사람은 그리스도만이 참된 만족을 가져다줄 수 있다는 사실을 알고 있었던 것입니다.

부는 겉보기에는 그것을 얻기 위해 싸울 만한 가치가 있어 보입니다. 그러나 성경은 이렇게 말합니다. "은을 사랑하는 자는 은으로 만족함이 없고 풍부를 사랑하는 자는 소득으로 만족함이 없나니 이것도 헛되도다. 노동자는 먹는 것이 많든지 적든지 잠을 달게 자거니와 부자는 배부름으로 자지 못하느니라"(전도서 5:10,12). 부는 마음을 만족시켜 주지 못하며, 그것을 위해 수고하는 자는 그로 인해 염려합니다. 잠자리에 누워도 잠을 이루지 못하고 이리 뒤척 저리 뒤척 합니다.

마지막으로 예수님께서는 "기타 욕심"에 대하여 말씀하십니다. 누가복음 8:14에는 "일락"이라 되어 있습니다. 일락이란 세상의 쾌락이나 향락을 말합니다. 그것은 우리 마음 가운데 들어와 "말씀을 막아 결실치 못하게" 합니다. 여기는 어떤 것들이 있을까요" 그것들은 돈으로 살 수 있는 것들입니다. 파티, 여행, 고급 호텔, 사치스런 음식, 멋진 옷 등입니다. 이것은 이 세상의 쾌락을 추구하는 것입니다. 이것들은 하나님의 말씀을 막아 아무 열매도 맺지 못하게 합니다.

시대마다 사람들이 추구하는 이 세상의 쾌락에는 여러 가지가 있습니다. 그러나 그 결과는 언제나 같습니다. 이 세상의 것에서 즐거움을 추구하는 것은 영적 불임증을 가져오는 것입니다. 영적으로 아무 열매도 맺지 못하게 하는 것입니다. 사상자의 삶은 하나님께 아무 쓸모가 없습니다. 거기에는 잡초가 무성하고 들짐승들이 살고 있습니다. 마귀의 거짓말에 넘어갈 때 이런 끔찍한 결과를 낳게 됩니다.

성장을 위한 처방

이런 재난을 막기 위하여 무엇을 할 수 있습니까? 사도 베드로는 한 가지 해결책을 언급합니다. "**이런 것이 너희에게 있어 흡족한즉** 너희로 우리 주 예수 그리스도를 알기에 게으르지 않고 **열매 없는 자가 되지 않게 하려니와**, 이런 것이 없는 자는 소경이라 원시치 못하고 그의 옛 죄를 깨끗케 하심을 잊었느니라. 그러므로 형제들아, 더욱 힘써 너희 부르심과 택하심을 굳게 하라. 너희가 이것을 행한즉 언제든지 실족지 아니하리라"(베드로후서 1:8-10). 이 얼마나 놀라운 약속입니까?

열매 맺는 사람을 사는 데 절대적으로 필요하다고 한 "이런 것"은 무엇입니까? 다음 구절이 그것을 보여 주고 있습니다.

예수 그리스도의 종과 사도인 시몬 베드로는 우리 하나님과 구주

예수 그리스도의 의를 힘입어 동일하게 보배로운 믿음을 우리와 같이 받은 자들에게 편지하노니, 하나님과 우리 주 예수를 앎으로 은혜와 평강이 너희에게 더욱 많을지어다. 그의 신기한 능력으로 생명과 경건에 속한 모든 것을 우리에게 주셨으니 이는 자기의 영광과 덕으로써 우리를 부르신 자를 앎으로 말미암음이라. 이로써 그 보배롭고 지극히 큰 약속을 우리에게 주사 이 약속으로 말미암아 너희로 정욕을 인하여 세상에서 썩어질 것을 피하여 신의 성품에 참예하는 자가 되게 하려 하셨으니, 이러므로 너희가 더욱 힘써 너희 믿음에 덕을, 덕에 지식을, 지식에 절제를, 절제에 인내를, 인내에 경건을, 경건에 형제 우애를, 형제 우애에 사랑을 공급하라. (베드로후서 1:1-7)

이 말씀에서는 성장은 하나님을 아는 것에 토대를 둔다고 말합니다. 하나님을 깊이 알 때 하나님의 은혜와 평안이 우리의 삶 속에서 더욱 넘치게 될 것입니다. "생명과 경건에 속한 모든 것"이 하나님의 신기한 능력으로 말미암아 우리의 것이 될 것입니다. 이것은 우리로 하여금 하나님을 더 깊이 알아가도록 격려해 줍니다.

그러면 우리가 어떻게 하나님을 더욱 깊이 알아갈 수 있습니까? 두 가지만 들면 다음과 같습니다.

1. 말씀을 깊이 상고하십시오. 말씀에 푹 젖으십시오. 말씀에 깊이 잠기십시오. 예수님께서는 성경 말씀이 자기에 대하여 증거하고 있다고 말씀하셨습니다(요한복음 5:39). 도슨 트로트맨

은 종종 우리에게 성경을 펴 보이면서 "여러분, 왕의 궁정에 들어갑시다"라고 말하곤 했습니다. 성경은 우리가 주님을 알현하는 곳입니다.

2. 시험과 시련을 통해 배우십시오. 모든 것이 합력하여 선을 이룬다는 것을 확신할 때, 우리는 인생의 시련들을 기쁨과 감사함으로 맞이할 수 있습니다(로마서 8:28, 골로새서 1:11-12). 우리는 하나님을 의지함으로써 하나님에 대한 지식을 얻습니다. 사도 바울은 자기의 큰 소원이 "그리스도를 아는 것"이라고 했습니다(빌립보서 3:10).

이어 본문의 내용은 "보배롭고 지극히 큰 약속"으로 이어집니다. 이 약속들을 통해 우리는 "신의 성품에 참예하는 자"가 되었습니다. 위대한 창조주이신 하나님은 거짓말하실 수가 없습니다. 하나님께서는 우리에게 주시고자 하는 것을 "약속"의 형태로 주셨습니다. 우리는 하나님께서 그저 말씀만 하셨을지라도 하나님을 믿을 것입니다. 그러나 하나님께서는 약속하셨습니다. 내가 우리 아이들에게 "다음 주 토요일 오전에 공원에 데리고 가마" 하고 말하면 아이들은 믿을 것입니다. 그런데 내가 거기에 "꼭 약속하마"라고 덧붙이면 아이들은 더욱 안심할 것입니다. 하나님께서도 우리에게 이렇게 약속하셨고, 더욱이 그 약속들을 기록까지 해 놓으셨습니다. 우리가 이 약속들을 주장하며 여기에 우리의 삶을 건축할 때 그 결과 열매 맺는 삶을 살게 될 것입니다.

베드로는 이것을 "특별한" 사람들에게 쓰지 않았습니다. 이 약속들은 "우리 하나님과 구주 예수 그리스도의 의를 힘입어 동일하게 보배로운 믿음을 우리와 같이 받은" 모든 자들, 그리고 성장하기를 바라는 모든 자들에게 한 것입니다. 그들은 사도들의 가르침을 받는 일에 전적으로 힘쓰는 열심히 배우는 자들입니다. "저희가 사도의 가르침을 받아 서로 교제하며 떡을 떼며 기도하기를 전혀 힘쓰니라"(사도행전 2:42).

우리는 이 사실을 명심해야만 합니다. 너무도 흔히 교인들은 이러한 말씀은 영적 지도자들을 위한 것일 뿐이라고 생각합니다. 그러나 이것은 영적 지도자들만을 위한 것이 아닙니다! 우리는 다 같이 그리스도의 증인이요 한 형제입니다. 평범한 우리 모두가 세계 복음화의 열쇠입니다. 영적 지도자는 단지 이 일을 위해 성도들을 준비시킬 책임을 하나님으로부터 받은 사람일 뿐입니다(에베소서 4:11-12).

세상은 소수의 사역자들에 의해 복음화되는 것이 아닙니다. 우리 모두에 의해 복음화되는 것입니다. 우리 모두가 하나님의 나라에서 열매 맺는 자가 되어야 합니다. 적극적으로 이 잃어버린 세상으로 복음을 가지고 나아가야 합니다. 마귀는 "평범한" 그리스도인들에게, "복음을 전하는 일은 사역자들의 일이다. 우리가 해야 할 일은 그들이 그 일을 할 수 있도록 지원하는 일이다"라고 생각하도록 유혹합니다.

우리는 모두 하나님을 알아 가는 일에서, 하나님을 섬기는 일에서, 열매 맺는 일에서 자라 가야 합니다. 사상자 명단에 들지 않기를 원한다면 우리 스스로 경건에 이르는 연습을 해야 합니다(디모데전서 4:7). 자신을 영적으로 계속 튼튼하게 유지하기 위해 시간과 노력을 들여야 합니다.

자신을 훈련한다고요? 그렇습니다. 열심히 훈련하는 운동선수처럼 우리도 약한 영역들을 집중적으로 훈련해야 합니다. 베드로는 "더욱 힘써" 이것을 해야 한다고 말합니다. 이는 우리의 삶 속에서 부차적인 것이 아니라 중심적인 것이 되어야 합니다.

여덟 가지 우선순위

8절에서부터 베드로는 우리가 훈련해야 할 것을 구체적으로 제시합니다. 그리스도와 함께 동행했던 지난 세월과 자신의 성경 지식으로부터 여덟 가지를 열거합니다. 이는 우리가 삶에서 최우선순위를 두고 계발해야 하는 것들입니다.

1. "믿음". 믿음은 다른 모든 것의 기초입니다. 유다서 1:20에 이렇게 말씀하고 있습니다. "사랑하는 자들아, 너희는 너희의 지극히 거룩한 믿음 위에 자기를 건축하며 성령으로 기도하며." 즉 우리는 믿음이라는 기초 위에 우리 자신을 세워야 합니다. 믿음은 기타 모든 것을 위한 기초입니다. 우리는 믿음으로 행하고 보는 것으로 행하지 않습니다(고린도후서 5:7).

믿음은 우리의 기도의 원천입니다. 예수님께서는 "너희가 기도할 때에 무엇이든지 믿고 구하는 것은 다 받으리라 하시니라"라고 말씀하셨습니다(마태복음 21:22). 믿음으로 우리는 복음을 듣고 받아들였습니다. 히브리서 4:2에 이렇게 말하고 있습니다. "저희와 같이 우리도 복음 전함을 받은 자이나 그러나 그 들은바 말씀이 저희에게 유익되지 못한 것은 듣는 자가 믿음을 화합지 아니함이라." 믿음으로 받느냐 아니냐에 따라 들은바 그 말씀이 유익이 되기도 하고 아무 유익이 되지 못하기도 합니다.

우리가 전투를 계속하려면 우리의 믿음이 굳게 서 있어야만 합니다. 기초가 약한 건물은 얼마 안 가 금이 가고 무너질 수도 있습니다. 기초가 올바르지 못할 때 그러한 삶은 무서운 파멸에 이르고 말 것입니다.

얼마 전 한 성장하는 제자와 이야기를 나눈 적이 있습니다. 나는 그에게 하나님의 말씀에 대해 어떤 생각을 가지고 있는지 물었습니다. 이야기를 통해서 알게 된 것은, 그는 성경 말씀을 여기 조금, 저기서 조금 쪼아 먹고 있었습니다. 그는 자기가 좋아하는 부분만 읽었습니다. 그는 창세기의 어떤 부분을 읽고는 웃어 버렸습니다. 그리고 내가 여행을 할 때 시편 91편과 121편을 주장한다고 하자 우습게 여겼습니다. 요즘 나는 이 사람의 삶이 나빠지는 것을 목격했는데 이는 우연이 아닙니다. 우리는 반석 같은 믿음을 갖도록 힘써야 합니다. 우리는 성경 전체를 하나님의 말씀으로 받아들이는 믿음, 그리고 성경의 약속이 참되고 믿을 만하다고 받아들이는 믿음을 가지고 있어야 합니다.

성장하는 제자의 믿음은 수동적이거나 잠자는 것이 되어서는 안 됩니다. 그것은 동기를 부여하고 이끄는 능동적인 믿음이어야만 합니다. 믿음은 아무리 작을지라도 엄청난 변화를 가져올 수 있습니다. 예수님께서는 이렇게 말씀하셨습니다. "…진실로 너희에게 이르노니 너희가 만일 믿음이 한 겨자씨만큼만 있으면 이 산을 명하여 여기서 저기로 옮기라 하여도 옮길 것이요 또 너희가 못할 것이 없으리라"(마태복음 17:20). 믿음이 아주 견고할 때 그 믿음은 아주 나쁜 환경도 극복할 수 있는 힘을 줍니다. 우리를 지원해 주는 것이 하나도 눈에 보이지 않을 때에도 우리로 하여금 계속 전진하게 합니다.

2. "덕." 이어서 이 믿음에 덕을 공급하라고 했습니다. 공급하라는 말은 우리 편에서 수고와 노력이 필요하다는 의미를 내포하고 있습니다. 어떤 사람들은 그리스도인이 성장하기 위해 뭔가를 해야 한다는 주장은 육신적인 냄새가 난다고 여깁니다. 물론 우리의 수고와 노력을 의지하는 게 아니라 주님을 의뢰해야 한다는 의미에서는 맞는 말일 수도 있습니다. 그리고 우리는 자칫 성령을 의뢰하기보다는 우리의 육신적 노력을 의지하는 일이 있는데 이것은 피해야 합니다. 그러나 성경은 분명히 우리가 감당해야 할 책임도 말씀하고 있습니다. 우리는 주님께서 우리를 성장시켜 주시도록 무기력하게 가만히 앉아 있어서는 안 됩니다. 우리는 주도권을 쥐고, 말씀을 펴서 읽고, 무릎을 꿇고 기도하며, 적극적으로 잃어버린 자에게 복음을 전하여야 하는 것입니다.

덕이라는 단어에는 선, 용기, 도덕적 힘, 활력, 탁월함 등의 의미가 들어 있습니다. 덕의 일면이 다윗의 군대에 잘 나타나 있습니다. "스불론 중에서 모든 군기를 가지고 항오를 정제히 하고 두 마음을 품지 아니하고 능히 진에 나아가서 싸움을 잘 하는 자가 오만 명이요"(역대상 12:33). 그들은 잘 훈련되어 있었고 잘 무장되어 있었으며 연단되어 있었고 한마음을 품고 있었습니다. 성장하는 제자의 삶 속에서 덕의 최고 표현은 그리스도를 닮은 인격인 것입니다.

3. "지식." 말씀을 모르는 것은 미덕이 아닙니다. 거짓된 해석들은 우리를 곁길로 이끌어 갑니다. 바울은 이스라엘 민족에 대하여 "내가 증거하노니 저희가 하나님께 열심이 있으나 지식을 좇은 것이 아니라"라고 했습니다(로마서 10:2).

노스웨스턴 대학 시절, 밴스 해브너 목사가 학교 채플 강사로 방문했습니다. 그는 설교 중에 이런 말을 했습니다. "나는 지식이 없는 열심과 열심이 없는 지식 중에서 무엇이 더 나쁜지 모르겠습니다." 둘 다 그리스도인의 믿음에는 문제입니다. 우리의 삶에 차가운 지식을 더하는 것은 우리를 교만하게 할 뿐입니다. "우상의 제물에 대하여는 우리가 다 지식이 있는 줄을 아나 지식은 교만하게 하며 사랑은 덕을 세우나니"(고린도전서 8:1). 또한 지식이 없는 열심은 제대로 기능을 발휘하지 못합니다. 지식이 없는 열심은 또한 잘못된 방향으로 이끌 수도 있습니다. 불신자들은 이것을 보고 비웃으며 그리스도로부터 더 멀어집니다.

이 구절에서 말하고 있는 지식은 우리의 증거를 더욱 힘 있게 하며, 우리의 생각을 더욱 분명하게 해 주고, 우리의 감정을 올바로 인도합니다. 거기에는 제자가 그리스도 중심의 삶을 사는 데 필요한 지혜와 분별력이 포함됩니다. 건전한 판단력은 이 지식을 꾸준히 얻고 발전시킬 때 나옵니다. 건전한 판단력은 지식이 지식으로 끝나지 않고 실제 삶에 유용하게 만들며, 헛된 사변으로 가는 것을 막아 줍니다. 건전한 판단력은 하나님을 아는 지식에서 나옵니다. "하나님과 우리 주 예수를 앎으로"(2절), "우리를 부르신 자를 앎으로"(3절). 우리는 하나님을 깊이 알아야 하며, 우리를 향한 주님의 뜻이 무엇인지 분명하게 알아야 합니다. 이는 우리를 더욱 성장하게 하며 주님을 위해 더욱 힘 있게 일하게 합니다.

4. "절제." 절제란 자기를 제어하는 것입니다. 바울은 그것을 성령의 열매 가운데 열거하고 있습니다(갈라디아서 5:23). 절제하는 사람은 내적인 힘을 가지고 있습니다. "노하기를 더디 하는 자는 용사보다 낫고 자기의 마음을 다스리는 자는 성을 빼앗는 자보다 나으니라"(잠언 16:32).

절제하는 그리스도인은 쉽사리 성을 내지 않으며, 유혹에 이끌려 육체의 타락한 충동을 따르지 않습니다. 그는 자기의 마음을 잘 다스립니다. 자기의 내적인 욕망을 제어하고 다스리지 못하는 그리스도인은 영적으로 성장하지 못할 것입니다. 성장에는 훈련이 필요합니다.

그렇다고 절제는 골로새서 2:20-23에서 말하고 있는 율법주의가 아닙니다.

너희가 세상의 초등 학문에서 그리스도와 함께 죽었거든 어찌하여 세상에 사는 것과 같이 의문에 순종하느냐? 곧 붙잡지도 말고 맛보지도 말고 만지지도 말라 하는 것이니 (이 모든 것은 쓰는 대로 부패에 돌아가리라.) 사람의 명과 가르침을 좇느냐? 이런 것들은 자의적 숭배와 겸손과 몸을 괴롭게 하는 데 지혜 있는 모양이나 오직 육체 좇는 것을 금하는 데는 유익이 조금도 없느니라.

절제는 하나님을 기쁘시게 하며 하나님의 길로 걸어가며 하나님의 말씀대로 살려는, 하나님께서 주신 마음에서 나옵니다. 절제는 시험을 정면으로 맞이하여 바른 것을 택하는 것입니다. 지식에 절제를 더한다는 것은 배운 바를 실천하는 것입니다. 그리고 궁극적으로 하나님의 뜻에 굴복하는 것입니다.

5. "인내." 이것은 방해와 반대와 핍박에도 불구하고 목표를 향해 나아가는 능력입니다. 이를 악물고 어렵지만 낙심하지 않고 꾸준히 나아가는 것과는 다릅니다. 인내란 믿음에 굳게 서는 것입니다.

인내는 하나님께 대한 믿음과 하나님의 약속이 이루어지리라는 소망과 연관되어 있습니다. 개인적인 용기와 영웅심과는 전혀 무관합니다. 제자리를 고수하는 것이 아니라 앞으로 나아가는 것입니다. 우리는 인내로 우리에게 당한 경주를 경주해야 합니다(히브리서 12:1). 이러한 인내의 한 가지 결과는 열매가 풍성한 삶입니다. "좋은 땅에 있다는 것은 착하고 좋은 마음으로 말씀을 듣고 지키어 인내로 결실하는 자니라"(누가

복음 8:15).

6. "경건." 경건은 하나님께 대한 참된 헌신이며, 개인적으로 또는 함께 하나님을 예배하는 것과 관계가 있습니다. 경건은 우리의 찬양과 경배, 공적인 믿음의 고백 속에서 발견됩니다. 경건의 뿌리에는 생각과 말과 행동에서 주님을 더욱 닮으려는 욕구가 있습니다. 경건해지려면 삶의 모든 영역에서 하나님을 첫자리에 모시며 하나님을 의뢰해야 합니다.

7. "형제 우애." 로마서 12:10에서 "형제를 사랑하여 서로 우애하고 존경하기를 서로 먼저 하며"라고 했습니다. 우리는 "형제 사랑하기를 계속"해야 합니다(히브리서 13:1). 데살로니가전서 4:9에서는 이렇게 말합니다. "형제 사랑에 관하여는 너희에게 쓸 것이 없음은 너희가 친히 하나님의 가르치심을 받아 서로 사랑함이라."

어느 날 한 큰 선교 기관의 책임자의 사무실에서 그와 이런저런 이야기를 하고 있을 때였습니다. 그때 그 자리에 함께 있던, 그 선교 기관에서 일하고 있는 한 사람이 불쑥 이렇게 말했습니다. "회장님께서 그 사람에 대하여 뭔가 조치를 하셔야겠습니다. 그 사람은 나를 화나게 하고 있습니다. 나는 그 사람을 참을 수가 없습니다. 그는 옳지 못한 방법으로 나를 애먹이고 있습니다."

그 사람의 말이 끝나자마자 책임자는 이렇게 물었습니다. "그가 당신을 옳지 못한 방법으로 애먹인다고 하는데 당신에게 묻겠습니다. 그가 당신의 옛성품을 애먹이시오, 당신의 새

성품을 애먹이시오?"

그 사람은 고개를 숙이더니 마침내 "예, 알았습니다" 하고 문밖으로 나갔습니다.

그게 사실이 아닙니까? 형제를 사랑하라는 명령에 순종하기 위해서는 자신의 이익을 죽이는 것이 필요합니다. 오직 그리스도만이 우리로 하여금 "그럴 만한 가치가 없는" 사람에게 형제 사랑을 나타내 보일 수 있게 합니다.

8. "사랑." 이 최고의 덕은 다른 모든 것을 수용합니다. 골로새서 3:14에 "이 모든 것 위에 사랑을 더하라. 이는 온전하게 매는 띠니라"라고 말씀하고 있습니다. 믿음은 기초요, 사랑은 면류관이요 절정입니다.

가장 중요한 점

사상자 명단에 들지 않으려면 이를 위한 간절한 마음과 부지런함이 필요합니다. 앞에서, 성장하고 있는 그리스도인이 계속 전투 가능 병력 명단에 남아 있도록 도와주는 성경적 지침을 살펴보았습니다. 이 지침을 따를 때 베드로가 경고한 무익하고 열매 없는 삶을 피할 수가 있습니다. 끝내 폐차장으로 가 버린 제자는 십중팔구 이러한 성경적 지침을 보고도 방향을 돌려 정반대 방향으로 갔을 것입니다.

이 시점에서 매우 실제적인 질문이 하나 있습니다. 우리는 이 덕목들을 어떻게 얻을 수 있는가? 그것들은 높은 사다리처럼 하나씩 하나씩 올라가야 하는 것들인가?

아닙니다. 나는 그렇게 생각하지 않습니다. 예수 그리스도께서는 이 모든 덕목을 이미 삶에서 실천하셨고 나타내 보여 주셨습니다. 그러므로 예수님과 같이 되는 것이 우리의 가장 주된 관심이 되어야 합니다. 예수님께서는 이미 이 모든 덕목을 실생활에서 완전하게 실현하셨습니다. 우리가 그 덕목을 얻는 것은 주님을 바라보고 주님과 동행하며 우리의 뜻을 주님께 굴복할 때만 이루어질 수 있습니다. 주님을 바라보며 주님과 동행하고 주님의 뜻에 굴복할 때 우리는 자신을 성령께서 그리스도의 형상으로 변화시키도록 내어드리게 됩니다. 그것은 순전히 인간의 노력의 문제도 아니요, 해야 할 것과 하지 말 것을 기계적으로 판단하는 문제도 아닙니다. 그것은 결국 우리 주님과의 긴밀한 교제와 주님께 대한 순종의 삶으로 귀착됩니다.

앞에서 열거한 덕목에서 성장할 때 우리는 더욱 생산적인 삶을 살 것입니다. 그것은 또다시 우리로 하여금 주님을 기쁘시게 하는 삶을 계속적으로 살도록 동기를 부여해 줄 것입니다. 그것은 쉽지 않을 것입니다. 주님께서도 그것이 쉽다고 말씀하신 적이 결코 없습니다. 우리는 늘 이 세상의 참필요에 관심을 기울이고, 또한 그 필요를 채우는 일에서 우리가 맡은 중요한 역할을 감당하는 데 관심과 노력을 기울여야 합니다.

# 7
일 꾼

지금까지 내 자신에 대하여 그토록 무가치함을 느껴 본 적이 없었습니다. 날마다 거리를 뛰어다니며 일자리를 구했지만 아무도 관심이 없었습니다. "제가 언제쯤 전화를 걸면 되겠습니까?" 하고 물으면, "전화하지 마십시오. 우리가 전화를 드리겠습니다"라고 대답했습니다. 나는 구직 광고를 보면서 수없이 전화를 했습니다. 그러나 그때마다 "미안합니다"라는 말만 계속 들었습니다. 나는 아무데도 쓸모없는 것처럼 느껴졌습니다.

며칠이 금세 몇 주가 되었습니다. 때때로 한 줄기 희망이 보이기도 했지만 다른 사람이 그 자리를 얻었습니다. 큰 백화점의 인사 담당자들에게 서류도 제출해 보고 작은 기업체의 사장들과 면담도 해 보았지만 아무 자리도 얻지 못했습니다. 나는 절망적이 되었고 이제는 아무 일이라도 하겠다는 각오가 되었습니다. 그러나 일자리는 없었습니다.

일자리가 없다는 것은 고역이었습니다. 가장 힘든 것은 그게 나의 감정에 미치는 영향이었습니다. 아침마다 이웃 사람들이 버스를 타고 직장으로 가는 것을 보면서 나도 저렇게 뭔가를 해야 할 텐데 하는 생각을 수없이 했습니다.

교회 안에서도 역시 실업은 심각한 문제입니다. 불행하게도 문제는 일자리가 없다는 게 아닙니다. 이 세상에는 주님의 일꾼으로 하여금 일을 멈추게 하는, 위험스러운 함정, 덫, 곁길들로 가득 차 있습니다. 그리고 많은 사람들이 일꾼이 되려고 하지를 않습니다.

교회 일자리 부족?

어느 날 꽤 큰 교회를 담임하고 있는 친구에게 물었습니다.
"자네 교회의 교인 수가 얼마나 되는가?"
"5,000명쯤 되지."
"자네에게 질문을 또 하나 하겠네. 교회 일에 참여하고 있는 사람은 얼마나 되나? 성가대에서, 교회학교에서, 또는 안내위원으로, 성경공부 인도자로, 또는 교회의 여러 부서에서 봉사하고 있는 사람이 몇 명이나 되는가 말이네."
"음, 대략 1,500명 정도 되지."
이 말을 듣고 나는 이런 생각을 했습니다. '교회에서 아무

일도 하고 있지 않는 사람, 소위 실업자가 3,500명이나 되는구나.'

또 다른 기회에, 목회를 하고 있는 한 친구에게 교인수가 얼마나 되는지 물었습니다. 그랬더니 한 800명쯤 된다고 하였습니다.

그래서 나는 다시 "자네 교회에서 무슨 일이든 맡고 있는 사람이 몇 명이나 되지?" 하고 물었습니다.

"글쎄, 지금까지 거기에 대해 생각해 본 적이 없는데, 아마 300명 가량 될 것 같네" 하고 대답했습니다.

이 교회의 경우에는 아무것도 하지 않는 교인이 500명이 있습니다! 교회의 각 부서는 다 찼습니다. 교회학교도 운영되고 있었고, 각 부서도 운영되고 있었습니다. 이따금 사람이 필요한 자리도 있겠지요. 그리고 물론 어떤 사람들은 한 가지 이상의 직책을 맡고 있겠지요. 그러나 수백 명의 사람들은 아무것도 하지 않은 채 교회에 앉아 있을 뿐입니다. 이들을 어떻게 해야 합니까? 교회 일만이 주님의 일입니까?

주님을 위해 일하는 방법에는 두 가지가 있습니다. 즉 "교회 일"이 있고, "교회의 일"이 있습니다. "교회 일"이란 교회의 공적인 자리에서 하는 일이요, "교회의 일"이란 이외에도 교회가 마땅히 해야 할 모든 일을 말합니다. 교회의 공적인 자리는 한정되어 있습니다. 그러나 "교회의 일"에는 언제든지 일자리가 있습니다. 교회의 좌석을 차지하고 앉아 있는 평범한 교인들은 바로 이 "교회의 일"에 적극 참여해야 하는 것입니다. 저

3,500명 또는 500명의 "아무 일도 하지 않고 있는" 교인들이 자신을, 복음을 들고 세상으로 나아가도록 그리스도의 명령을 받은, 부름을 받은 사람으로 본다면, 모든 교인을 위한 충분한 일자리가 있는 것입니다. 각각의 모든 그리스도인의 목표가 영적으로 자격을 갖춘 무장된 일꾼이 되는 것이라면 우리는 모두 주님의 일에 참여하고 있는 것입니다!

일꾼이 사상자가 될 때

그리스도를 위해 아무 일도 하러 가지 않는 일꾼은 이미 사상자 명단에 올라 있습니다. 영적 추수를 하는 일에 잘 무장되고 영적으로 자격을 갖춘 사람들도 이 사상자 명단에 끼는 일이 흔히 있습니다. 잃어버린 자들에게 나아가 복음을 전하며 주님을 영접한 사람들을 영적으로 성장하도록 돕고 있을 때조차도 이런 비극은 일어납니다. 그들은 갑자기 일을 그만두고 사표를 내고 떠나 버립니다. 그 일꾼이 떠남으로 인해 빚어지는 비극은 일꾼은 너무도 적고 추수할 것은 너무도 많기 때문에 배로 커집니다.

왜 이런 일이 일어납니까? 무엇이 사람들로 하여금 추수 터를 떠나게 합니까? 몇 가지 이유를 들면 다음과 같습니다.

수확이 없음

때로 일꾼은 오랫동안 열심히 힘들여 고생했지만 아무 열매도 거두지 못하는 경우가 있습니다. 오랫동안 이 "흉년"이 계속되면 일꾼은 낙심하게 됩니다. 모든 것이 잘되고 있는 것 같았고 열심히 일했지만 아무 열매가 나타나지 않습니다. 꾸준히 복음을 전했지만 아무도 그리스도께로 나오지 않습니다. 새로운 그리스도인을 위해 열심히 기도하며 도와주지만 아무 발전을 보이지 않습니다. 마침내 그 일꾼은 절망과 좌절 가운데 일을 그만두고 추수 터를 떠납니다.

나는 왜 이런 "흉년"이 있는지는 모른다고 고백하지 않을 수 없습니다. 어쩌면 하나님께서 이런 기간을 통해 우리 자신을 더 연단시키고 성장시키기 위한 것일지도 모릅니다. 아니면 하나님께서 우리의 마음을 시험하고 계시는 중인지도 모릅니다. 그 원인이 무엇이든지 간에 열매가 없을 때 일꾼은 낙심하고 일터를 떠나게 될 수 있습니다. 또 일꾼이 전반적으로 열매 맺는 삶을 살고 있을 때조차도 일꾼의 눈에는 사역이 "흉년"처럼 보일 때가 있습니다.

물론 이는 전혀 새로운 문제가 아닙니다. 이럴 때는 하박국의 간증을 기억하십시오. "비록 무화과나무가 무성치 못하며 포도나무에 열매가 없으며 감람나무에 소출이 없으며 밭에 식물이 없으며 우리에 양이 없으며 외양간에 소가 없을지라도 나는 여호와를 인하여 즐거워하며 나의 구원의 하나님을 인하여 기뻐하리로다"(하박국 3:17-18).

하박국은 인생의 한 지점에서 들판을 바라보았지만 아무것도 없었습니다. 양식의 주원천인 무화과나무도 시들어 있었고, 감람나무도 소출이 없었습니다. 물결치는 곡식으로 무성해 있어야 할 밭도 사막과 같았습니다. 외양간조차도 텅 비어 있었습니다. 그러나 그는 계속 소망을 하나님께 두며 역경에도 불구하고 기뻐했습니다. 그것은 결코 쉬운 일이 아닙니다. 일꾼이 성공에 대한 자신의 개념을 버리고 하나님만을 기쁨과 만족의 참된 원천으로 생각할 때 그는 계속 기대하는 마음으로 밭에 들어갈 수 있습니다. 수확이 없다고 해서 일꾼이 그 들판을 떠나서는 안 됩니다.

피 로

피로는 많은 사람에게 악영향을 미치는 주요한 문제입니다. 그러나 이상한 것은 많은 피로가 자기 자신에게 그 원인이 있다는 점입니다. 일꾼은 대개 큰 동기를 가지고 있는 사람입니다. 자기의 일을 중요하게 여기고 자신을 그 일에서 중요한 요소로 여깁니다. 그래서 열심을 가지고 정력적으로 그 일에 뛰어듭니다. 그러나 어떻게 자기 페이스를 유지해야 하는지를 모릅니다. 그 일이 너무도 중요하기 때문에 중간에 휴식도 없이 또는 쉬는 날이나 휴가도 없이 계속 전진합니다. 중간에 쉬는 것은 어쩐지 마음이 편치 못합니다. 그러다가 어려운 때를 만나서야 속도를 늦추는 게 필요하다는 사실을 인정하게 됩니다.

예수님께서도 피곤하실 때는 잠시 앉아 쉬셨습니다. "거기 또 야곱의 우물이 있더라. 예수께서 행로에 곤하여 우물곁에 그대로 앉으시니 때가 제육시쯤 되었더라"(요한복음 4:6). 열두 제자를 훈련하시는 도중 예수님께서는 훈련 일정 속에 휴식 시간을 두셨습니다. "이르시되 '너희는 따로 한적한 곳에 와서 잠깐 쉬어라' 하시니 이는 오고 가는 사람이 많아 음식 먹을 겨를도 없음이라"(마가복음 6:31).

한 목사가 "우리는 이따금 떠나지 않으면 급기야 정말로 떠나게 될 것입니다"라고 말하는 것을 들은 적이 있습니다. 우리는 잠시 일에서 떠나 쉬는 때가 필요한 것입니다. 예수님께서는 제자들을 훈련하시면서 이것을 아셨고 일의 페이스를 조정해야 할 필요가 있는 것을 아셨습니다. 분명히 그 교훈은 이 제자들에게 잊히지 않았을 것입니다. 그들이 이 땅에서 가장 위대한 일에 큰 동기를 가지고 참여한 사람들이었지만 우리는 그들 중 아무도 피로 때문에 추수 터를 떠났다는 이야기를 듣지 못했습니다.

무관심

어느 교회에 복음을 증거하고 양육하는 일에 자신을 전심으로 드리고 있는 몇 명의 일꾼이 있다고 해 봅시다. 그들은 상당한 성공을 거두고 있었습니다. 이들은 적어도 한 사람 이상을 그리스도께로 인도했고, 또 열심히 이 일을 하고 있었습니다. 그러나 목사님이 강단에서 교인들을 칭찬할 때마다 이 일꾼들은 한 번도 언급된 적이 없었습니다. 성가대원들도, 안내위원들도, 교회학교 교사들도 공적으로 감사하다는 말을 들었습니다. 그러나 이 "비공식적인" 일꾼 그룹은 아무도 알아주지 않았습니다. 아무도 이들이 하는 일에 관심을 가져 주지 않았습니다.

이 일꾼들이 사람들에게 보이거나 칭찬을 받기 위해서 전도하고 있지는 않았지만 이들에게도 역시 다른 사람들처럼 이따금 등을 두드리며 격려해 주는 것이 필요합니다. 그러나 여러 주가 지나고 여러 달이 지나도 그들은 아무 인정도 받지 못한 채 계속 그들의 일을 합니다. 세례를 주는 주일에는 그들이 전도한 새 신자들이 교회 앞에 서지만 교인들은 알아주지 않습니다.

결국 이 일꾼들 중에는 낙심하는 사람이 생기게 됩니다. "아무도 알아주지 않는다면 왜 우리가 이 일을 하고 있지?" 하고 자문합니다. 머지않아 그중 일부가 그 일을 그만두고 교회 안에서 더 환영받고 칭찬받는 것처럼 보이는 일로 뛰어듭니다.

이러한 문제를 안고 있는 모든 일꾼은 다음 말씀을 기억해야 합니다. "무슨 일을 하든지 마음을 다하여 주께 하듯 하고 사람에게 하듯 하지 말라. 이는 유업의 상을 주께 받을 줄 앎이니 너희는 주 그리스도를 섬기느니라"(골로새서 3:23-24). 계속 그 일을 하십시오. 당신이 지금 사람들을 그리스도께로 인도하며, 그리스도께로 나온 사람들을 돕고 있다면, 그 일이 그리스도를 기쁘시게 하고 있다고 확신합니다.

중심을 벗어난 삶

모든 신자처럼 일꾼은 그리스도 중심의 삶을 살아야 합니다. 이것은 성장하는 제자에게는 분명 쉽게 이해될 것입니다. 그가 받은 대부분의 훈련이 그 방향을 향하고 있기 때문입니다. 그는 그의 뿌리를 그리스도께 내려야 합니다(골로새서 2:6-7). 그가 하고 있는 제자삼는 일의 초점은 새로운 신자가 그리스도와의 깊고 지속적인 교제를 확립하도록 돕는 것입니다.

그러나 성장하는 제자가 일꾼의 무리에 들게 되면 그는 자기도 모르는 사이에 그리스도 중심의 삶에서 사역 중심의 삶으로 벗어나 버릴 수가 있습니다. 결국 사역을 수행하는 것 즉 복음을 모든 사람에게 전하고(마가복음 16:15), 모든 족속으로 제자를 삼는 것(마태복음 28:19-20) 자체가 그의 삶의 중심을 차지하고 지배해 버리게 됩니다.

주님의 일을 하기 위해서는 우리의 모든 생각을 다 동원하고 창의력을 발휘하며 새로운 방법을 연구하고 우리의 모든 힘을 쏟으며 간절히 기도하며 헌신하는 것이 필요합니다. 그러나 이런 것들이 우리를 사로잡을 때 우리의 초점은 그리스도로부터 그리스도의 일로 옮아가기가 너무도 쉽습니다. 그러한 초점의 변화에는 재난의 씨앗이 들어 있습니다. 사역이 우리의 주인이 되어서는 안 됩니다. 그리스도만이 우리의 주인이 되어야 합니다. 예수님께서도 말씀하셨듯이 아무도 두 주인을 섬길 수는 없습니다(마태복음 6:24). 그리스도께서는 성령으로 말미암아 우리의 마음을 위로하고 격려하십니다. 그러나 사역이 우리의 삶을 지배한다면 우리는 기진맥진하게 되어 버립니다.

사도 바울은 그리스도께서 우리의 생명이라고 했습니다(골로새서 3:4). 그는 빌립보 성도들에게 "이는 내게 사는 것이 그리스도니 죽는 것도 유익함이니라"라고 말했습니다(빌립보서 1:21). 바울보다 더 열심히 사역을 한 사람은 아마 없을 것입니다. 그는 이렇게 말합니다. "내가 너희 영혼을 위하여 크게 기뻐함으로 재물을 허비하고 또 내 자신까지 허비하리니 너희를 더욱 사랑할수록 나는 덜 사랑을 받겠느냐?"(고린도후서 12:15). 그러나 그는 사역으로 인해 힘이 고갈되지 않았습니다. 그의 사랑과 헌신은 그리스도를 위한 것이었고 사역 계획을 위한 것이 아니었습니다. 그래서 우리도 바울처럼 사상자 명단에 들지 않고 우리의 달려갈 길을 마칠 수 있으려면 사역이 아니라 그리스도가 우리의 중심이요 사랑과 헌신의 대상이 되어야 합니다. 도슨 트로트맨은 자주 이렇게 말했습니다. "왕국의 일에 너무 몰두한 나머지 왕을 위한 시간은 없는 그런 일이 있어서는 결코 안 됩니다."

얼마 전 우리 교회는 새로운 목사님을 맞이했습니다. 목사님의 취임 예배 때 그 목사님의 친구 되는 목사님이 말씀을 전하였습니다. 그는 매일같이 그에게 닥친, 많은 에너지를 요구하는 일정과 산더미같은 일에 대해 말했습니다. "내가 배운 것이 있다면 바로 이것입니다. 하나님과 함께 시간을 보내십시오"라고 그 목사는 말했습니다. 이것이 바로 중심에서 벗어나는 것을 피하는 길입니다.

준비 부족

모든 사람에게 복음을 전하는 것보다 중요한 일은 없습니다. 그런 이유로 해서 어떤 일꾼들은 준비되기도 전에 추수 터로 보내어집니다. 한 제자삼는 사역의 지도자가 있습니다. 그는 곡식이 무르익은 광대한 추수 터를 보고서 저 추수하는 일을 도와야겠다는 마음의 짐을 느낍니다. 그는 그가 큰 기대를 걸고 있는 몇 명의 성장하는 제자들과 함께 일하고 있습니다. 그중 한 사람이 두드러지게 일을 잘하고 있는 것처럼 보입니다. 그래서 그 지도자는 그 사람에 대한 훈련의 초점을 바꾸어 그에게 일꾼이 되는 데 있어서 필요한 도움을 몇 가지 줍니다. 그리고 그를 추수 터로 내보냅니다.

그러나 그것은 너무 이릅니다. 그 사람은 일터에 뛰어들고서는 자신이 자기 능력에 부치는 일을 하고 있다는 것을 발견할 뿐입니다. 여러 가지 문제와 경우들이 그에게 부닥치나 그에게는 아무 답도 없습니다. 그 상황을 어떻게 해결해야 하며 어떻게 필요를 채워 주어야 할지 잘 모릅니다. 그는 당황하게 됩니다. 아직 그 압력들, 복잡한 상황들, 그에게 닥치는 요구들을 다룰 만큼 준비가 되어 있지 않기 때문입니다.

그 지도자가 방심하지 않고 있다면 그는 자신의 잘못을 알아차릴 것이며, 그 사람을 구출하여 더 준비시킬 것입니다. 그러나 만일 그 사람이 필요한 도움을 얻지 못한다면 마귀가 그 곤경을 이용하여 그를 낙심케 하고 그로 하여금 사역에서 떨어져 나가 사상자 명단에 들게 할 수도 있습니다. 교회의 과업은 거대하고 긴급합니다. 그러나 더욱더 중요한 것은 교회는 일꾼을 추수 터로 내보낼 때 그가 평생 동안 거기에 있어야 한다는 점을 분명히 다짐시켜 주어야 한다는 사실입니다.

물론 보증된 훈련 계획은 없습니다. 그리고 우리를 주님께 더 가까이 이끌어 주는 문제와 압력이 항상 있을 것이며, 주님 앞에서 우리는 힘과 지혜를 달라고 부르짖게 됩니다. 사도 바울조차도 "답답한 일"을 당하였습니다(고린도후서 4:8). 그는 어떤 딜레마에서 벗어날 길을 알지 못할 때도 있었습니다. 그러나 그것은 그가 너무 일찍 밭에 나갔기 때문은 아니었습니다. 지도자는 너무 서두른 나머지 경험이 없고 훈련받지 않은 일꾼들로 밭이 가득 차게 하는 일이 없도록 해야 합니다. 아무 준비도 갖추어져 있지 않은 사람은 오히려 이미 밭에 나가 일하고 있는 일꾼들의 손을 더욱 무겁게 할 수도 있습니다.

더 좋은 밭

일꾼은 더 좋은 것을 얻기 위해 그의 밭을 떠나도록 교묘히 유혹을 받습니다. 불신자들과 관계를 맺으며 그들에게 복음을 전하는 일에 피곤해질 수가 있습니다. 불신자들 중에는 정말로 곤란한 사람들도 있어서 그 사람 주위에 있기 위해서는 은혜와 인내가 필요합니다. 어떤 불신자는 즐겁게 도전해 볼 만합니다. 그러나 더러운 농담과 담배 연기, 더러운 말들, 그리고 하나님께 대한 모독적인 언사들을 참으며 몇 달 또는 몇 년을 보내고 나면, 일꾼은 보다 쉬운 삶으로 돌아가기를 갈망할지도 모릅니다. 새로운 그리스도인들을 무장시키는 일도 역시 짜증나는 때가 있습니다. 일꾼은 해마다 동일한 질문에 답하며 새 신자들로 하여금 스스로 서게 하며 주님을 위해 살 수 있도록 도와주는 동일한 싸움을 합니다.

어느 날 아침 일꾼은 잠자리에서 일어나 자기는 그동안 충분히 경험했다고 결론을 내립니다. 그리고 '주님을 섬기는 더 쉬운 방법이 많이 있다'고 생각합니다. 그러고는 짐을 꾸려 추수 터를 떠납니다.

일꾼이 하나님의 일을 할 때 그 일꾼이 하고 있는 역할의 중요성을 주기적으로 상기시켜 주는 사람이 필요합니다. 그렇지 않으면 그 일꾼의 시야는 흐려질 수가 있습니다. 전망을 잃어버릴 수가 있습니다. 세상의 필요는 너무 커서 우리는 한 사람의 일꾼이라도 잃어버려 사상자 명단에 들게 할 수는 없습니다. 일꾼은 너무도 귀합니다. 추수하는 주인에게, 그리고 그들의 손길이 필요한 모든 사람에게 그들은 정말 귀한 존재입니다.

영적 냉랭함

때때로 사역은 짐이 됩니다. 성경이 무미건조하고 기도가 의무가 되는 때가 있습니다. 이런 일이 일어날 때 일꾼은 얼었던 심령을 녹이고 다시 불타오르게 할 시간을 갖는 것이 좋습니다. 어느 날 하루 주님과만 홀로 시간을 보냄으로써 놀랍게도 비전을 분명히 하고 마음을 뜨겁게 하고 심령에 불을 붙일 수 있습니다.

나는 전화도 오지 않고 사람도 찾아오지 않고 나의 옷소매를 끄는 활동도 없는 곳에서 혼자 하루를 떼어 놓고 주님과 단둘이 보내는 시간을 통해 큰 유익을 얻곤 합니다. 성경과 필기도구, 찬송가, 기타 경건 서적이나 하나님의 사람의 전기 등을 가지고 갑니다. 먼저 찬송가를 한 곡 부르고, 그다음 기도하며 시간을 보냅니다. 그다음 성경을 읽습니다. 서두르지 않고 천천히 읽습니다. 그다음 다시 기도하는 시간을 갖고, 경건 서적이나 전기에서 한두 장을 읽습니다. 이것을 하는 목적은 성령께서 내게 말씀하실 기회를 드리는 것입니다. 마음에 떠오르는 것이 있으면 기록하고 그것에 대하여 기도합니다. 이 일은 여러 날 할 필요가 없습니다. 대개 하루면 족합니다.

영적으로 냉랭할 때 주기적으로 제자의 도 또는 제자삼기를 주제로 한 수양회에 참석하는 것도 좋은 도움이 됩니다. 설교와 교제는 일꾼의 힘이 고갈되거나 신경 쇠약에 걸리거나 에너지가 다 소모되는 것을 막는 데 도움이 됩니다. 새로운 아이디어들이 떠오르고 새로운 활력을 얻습니다.

꾸준히 계속하라, 그러면 상급이 있을 것이다

일꾼을 사상자 명단에 들게 하기 위해 설치된 덫들이 이렇게 많이 있는데 계속할 만한 가치가 있을까요? 경험을 통해 보건대 나는 그렇다고 확신합니다. 우리 부부는 콜로라도스프링스에 있는 공군 사관학교 생도들을 대상으로 선교를 한 적이 있습니다. 그것은 도전할 만한 일이었는데 특히 생도들을 접촉하는 데 많은 제한이 따랐기 때문입니다. 민간인이 생도들을 만나는 데도 제한을 받았고, 생도들 자신도 사관학교를 나와 시내로 들어가는 일에 제한을 받고 있었습니다.

이 사람들을 어떻게 접촉해야 할지 아이디어를 주시도록 기도했을 때 주님께서 한 가지 방안을 떠오르게 해 주셨습니다. 곧 우리 가정은 사관학교 근처에 있는 큰 집으로 이사했습니다. 우리는 음식과 휴식을 위해 생도들을 초청했습니다. 아내는 뒤에서 열심히 대접했습니다. 생도들이 맛있게 먹을 수 있도록 음식을 푸짐하게 만들었습니다. 또 어떤 분이 탁구대와 게임 도구들을 사다 주어 이용할 수 있게 해 주었습니다. 얼마 지나지 않아 많은 사람들이 주님께로 돌아오고 성장하게 되었습니다. 주님의 은혜로 많은 열매를 거두었습니다.

오늘날 그 집에 왔던 생도들 중의 몇 명은 여러 대륙에서 그리스도를 섬기고 있습니다. 두 사람 즉 게임 도구들을 기증해 준 사람과 아내는 무대 뒤에서 그 사람들을 섬겼습니다. 그 사람들이 그리스도께 나왔을 때 그들은 자신들을 주님께로 인도하는 일에 다른 사람들 즉 목사님, 부모님, 교회학교 선생님, 기타 여러 사람들이 주님께 어떻게 사용되었는지를 말하곤 했습니다. 모든 일꾼들이 다 필요했고 중요했습니다.

우리는 모두 마음을 다하여 하나님께서 우리에게 주신 책임을 이행해야 합니다. 자신이 주님 안에서 어떤 직분을 맡고 있든 다음 말씀을 기억해야 합니다. "우리가 선을 행하되 낙심하지 말지니 피곤하지 아니하면 때가 이르매 거두리라"(갈라디아서 6:9).

8
지도자

처음 그 협곡에 들어서면 경치가 참으로 아름답습니다. 저 멀리 깎아지른 절벽들이 보입니다. 약 15-20분 정도 좁은 길을 따라 걸어 올라가면 그 절벽들이 바로 앞으로 다가섭니다. 길은 좁고 절벽들은 하늘까지 치솟아 있습니다.

절벽 위를 바라보면 거대한 바위들이 얹혀 있습니다. 만일 저 바위들이 굴러 떨어지면 어떡하지 하는 생각도 듭니다. 길이 좁아서 아무것도 무사하지 못할 것입니다. 그 바위들이 무너져 내리면 나무들은 뿌리째 뽑히고 야생화도 다 짓밟힐 것입니다. 또 야생동물들도 위험하게 될 것입니다. 야생 양과 사슴, 이따금 나타나는 곰도 저 거대한 바위 덩어리에 산산이 찢겨질 것입니다.

물론 당신도 절박한 위험에 처하게 될 것입니다. 다행히 큰 바위는 무너지지 않고 작은 바위들이 떨어진 흔적들만 눈에 들어옵니다. 그러나 훨씬 높이 저 꼭대기에 있는 큰 바위덩어리들이 떨어진다면 큰 사고가 일어날 것입니다.

교회 안에서도 마찬가지입니다. 지도자가 더 높이 올라가면 갈수록, 그의 책임이 더 커지면 커질수록, 그가 굴러 떨어진다면 그가 끼치는 손상은 더 커집니다. 당신은 이러한 비극적인 이야기를 들었을 것입니다. 한 목사가 교회의 반주자와 함께 사라졌다느니, 한 그리스도인 지도자가 아내와 자녀를 버렸다느니, 어느 선교사가 모종의 불미스러운 문제로 선교지에서 본국으로 되돌려 보내졌다느니, 한 선교단체 책임자가 보다 쉬운 삶을 약속하는 자리로 가 버렸다든지 등등 많습니다. 왜 그렇습니까? 무슨 일이 이 사람들에게 일어난 것일까요? 그들은 교회에서 저 높이 우뚝 서 있었는데 갑자기 굴러 떨어져 산산조각이 났습니다. 그들만 산산조각이 난 것이 아니라 다른 많은 사람들까지 상하게 했습니다.

이 장에서는 마귀가 "높은 위치에 있는 능력 있는" 사람들을 떨어뜨리기 위해 사용하곤 했던 것 중에 몇 가지를 살펴보고자 합니다. 이러한 지도자들 중 많은 이들이 큰 책임을 맡았고 그것을 잘 수행하였습니다. 그러나 불행하게도 이 정상급 지도자들 중의 하나가 굴러 떨어지면 수십, 수백, 수천의 사람들이 상처를 입습니다.

지도자에게 미치는 압력

영적 전쟁에서 지도자들로 하여금 그들의 역할을 포기하게 만드는 요인 몇 가지를 들면 다음과 같습니다.

야 망

워싱턴 대학 시절 한 유명한 상원의원이 우리 캠퍼스에 강연하러 왔습니다. 강연이 끝난 후 우리 몇 명이 그의 주위에 몰려들어 질문을 했습니다. 그 다음날 학교 신문에 그 장면의 사진이 실렸는데, 상원의원의 오른편에 내가 서 있었습니다! 나는 몇 주 동안 그 사진을 노트에 끼워 가지고 다녔고, 많은 사람에게 그 사진을 보여 주었습니다. 한 미국 상원의원과 함께 찍은 사진을 가지고 있었던 것입니다! 나는 뭔가 된 것만 같았습니다!

그 사건은 나의 성장기에 해를 주지는 않았습니다. 그러나 영적 지도자가 "뭔가 되려는" 욕망에 사로잡혀 있을 때 그것은 큰 해를 끼칠 수 있습니다. 예수님 자신이 바로 이것에 관하여 광야에서 시험을 받으셨습니다. 마귀는 예수님께 "천하만국과 그 영광"을 보여 주면서 자기에게 엎드려 경배하면 이 모든 것을 주겠다고 제의했습니다(마태복음 4:8-9). 당신은 이런 제의를 받으면 어떻게 하겠습니까? 그러나 그 시험은 실패했습니다. 예수님의 마음속에는 아무 야망도, 권세와 권력에 대한 욕심도, 위대해지려는 욕심도 없었기 때문입니다. 예수님께서는 모든 일에 우리와 한결같이 시험을 받으셨지만 죄는 없으셨습니다(히브리서 4:15). 사도 바울 역시 개인적인 야망과 자기 영광을 추구하는 모든 어리석은 생각을 내던져 버렸습니다. "우리가 그리스도의 사도로 능히 존중할 터이나 그러나 너희에게든지 다른 이에게든지 사람에게는 영광을 구치 아니하고"(데살로니가전서 2:6).

이것은 하나님을 위해 큰일을 시도하는 것이 무조건 나쁘다는 의미가 아닙니다. 위대한 일을 꿈꾸는 것과 하나님께 쓰임 받고자 하는 열망에는 전적으로 잘못된 것이 없습니다. 열쇠는 사람의 동기입니다. 우리의 욕망과 추구, 그리고 기도에 있어서 하나님의 영광이 중심이 되어야 합니다. 그러나 거룩하지 못한 야망은 지도자를 곁길로 빠지게 하고 절벽 꼭대기에서 떨어져 산산조각이 나게 할 수도 있습니다. 위선자의 동기에 관하여 하신 예수님의 경고를 기억하십시오. "그러므로 구제할 때에 외식하는 자가 사람에게 영광을 얻으려고 회당과 거리에서 하는 것같이 너희 앞에 나팔을 불지 말라. 진실로 너희에게 이르노니 저희는 자기 상을 이미 받았느니라"(마태복음 6:2).

인기에 대한 욕구

Y라는 목사는 "뭔가가" 되었습니다. 그는 전 세계의 TV 시청자의 마음을 끌었습니다. 그의 목소리는 전 세계의 라디오에서 흘러나왔습니다. 그의 책은 수백만 권이나 팔렸습니다. 사람들은 먼 곳에서도 와서 그의 설교를 들었습니다. 그의 교회는 교인 수가 수천 명이었고, 주일 아침에는 세 번이나 예배를 드렸습니다. 예배당이 꽉 차서 수백 명이 유선 TV를 통해 예배를 드렸습니다. 이 모든 것은 좋습니다. 그 목사님이 그 모든 것이 자기에게 당연하다고 생각하지만 않는 한 문제는 없습니다. 만일 이 목사님이 이 모든 것을 자기의 능력으로 돌린다면, 이 모든 인기를 마치 당연한 것처럼 생각하게 된다면 그것은 심각한 문제입니다.

인기는 유명한 지도자에게만 위험한 게 아닙니다. 그것은 또한 시골의 작은 교회를 맡고 있는 목사에게도 문제가 될 수 있습니다. 매주 설교 후 교인들이 예배당을 나가면서 출입구에 서 있는 목사님께 인사를 하면서 목사님이 설교를 참 잘하신다고 말씀을 드립니다. 그 목사가 정말로 설교를 잘할 수도 있습니다. 그러나 그가 사람들의 칭찬에 취해 자만해질 수가 있습니다. 그렇게 되면 그 인기로 인해 그는 타락하게 될 수가 있는 것입니다. 만유의 하나님께서 하신 말씀을 기억하십시오. "무릇 내 이름으로 일컫는 자 곧 내가 내 영광을 위하여 창조한 자를 오게 하라. 그들을 내가 지었고 만들었느니라"(이사야 43:7). 모든 사람이 당신에게 참으로 위대하다고 말하고 있을 때 당신의 눈을 낮은 데 두기란 어렵습니다. 인기는 우리를 높이시는 하나님의 손으로부터 올 수도 있습니다. 그러나 또한 지도자가 그 성공을 잘못 해석하여 자만해지면 그것은 파멸이 될 수도 있습니다.

자기 연민

K라는 목사는 어느 큰 교회의 부목사로 있었습니다. 그는 늘 이 교회를 담임하고 싶었습니다. 어느 날 담임목사를 새로 모시게 되었습니다. K목사를 포함하여 여러 사람이 물망에 올랐는데 결국 다른 사람이 맡게 되었습니다. 그 후 K목사가 제안하고 추진했던 어떤 계획이 실패로 끝났습니다. 그 계획이 실패한 데에는 그의 잘못은 하나도 없었습니다. 그러나 어쨌든 그는 비난을 받았습니다. 이로 인해 낙심을 하기 시작하더니 마침내는 그 교회를 그만두었습니다.

지도자는 자기 연민에 빠지거나 어떤 기관, 교회, 개인에 대해 분노를 품을 수가 있습니다. 대개 자신의 기대가 충족되지 못할 때 그러합니다. 이것에 대한 최상의 예방책은 하나님의 절대주권이라는 약을 복용하는 것입니다. 하나님을 사랑하는 자에게는 모든 것이 합력하여 선을 이룬다는 사실을 믿어야 합니다(로마서 8:28).

이 영역에서 승리가 가능할까요? 충분히 가능합니다. 나는 그것을 목격했습니다. 어느 큰 교회가 청년부 지도자 한 사람을 구하고 있었습니다. 그 교회의 청년부에서 봉사하고 있는 한 젊은이에게 교육 담당 목사님이 지원서를 제출해 보라고 했습니다. 기도와 상담 후에 그 젊은이는 지원서를 제출했습니다. 지원서를 제출한 사람이 전국적으로 60여 명이나 되었습니다.

심사를 거친 결과 마지막으로 두 사람이 남았습니다. 이 젊은이와 또 다른 한 사람이었습니다. 둘 다 정말로 이 직책을 원했습니다. 이 젊은이는 자기가 뽑히면 앞으로 할 것에 대해 꿈을 꾸기 시작했습니다. 어떤 변화를 일으키며, 어떤 방향으로 이끌어 나갈 것인가 등을 열심히 생각했습니다. 마침내 결과가 발표되었고 다른 사람이 그 직책에 임명되었습니다.

그 젊은이는 무엇을 했습니까? 그는 자기 연민에 빠지는 대신 전심으로 그 새로운 지도자를 위해 뒤에서 지원했습니다. 그 지도자를 위해 기도하기 시작했고 자원 봉사자로서 계속 참여했습니다. 그 모든 것을 하나님의 인도로 받아들였고 큰 기쁨과 열심을 가지고 섬겼습니다. 그리고 몇 달 후 하나님께서는 전혀 예기치도 않게 그에게 훨씬 더 좋은 길을 열어 주셨습니다. 전 세계적으로 섬길 수 있는 무한한 잠재 가능성을 가진 기회를 그에게 주셨습니다. 그 젊은이는 진실로 모든 일을 하나님의 영광을 위해 했으며, 자기 연민을 즐기는 것을 스스로 허락하지 않았기 때문입니다.

근시안

지도자는 비전의 사람이 되어야 합니다. 다른 사람들보다 미래를 보다 분명히, 그리고 더 멀리 바라볼 줄 아는 사람이어야 합니다. 그렇지 못하면 이끌 수 없습니다. 기회를 포착하여 그 기회를 현실로 바꿀 줄 알아야 합니다.

최근 월스트리트 저널에서 그러한 사람에 대하여 읽은 적이 있습니다. 엘리 티조나라는 사람은 이스라엘 사람인데 집에서 자메이카에 관한 짤막한 TV 프로그램을 보았습니다. 푸르른 벌판을 보고 그에게 한 가지 아이디어가 떠올랐습니다.

며칠 후 그는 한 사람을 자메이카로 보내 그곳의 물과 흙을 견본으로 가져와 테스트했습니다. 곧 자메이카 정부와 계약을 체결했습니다. 이 이스라엘 사람은 4,500에이커의 비옥한 농토를 임대하여 거기에 상품 작물을 재배했습니다. 여러 가지 채소, 바나나, 관상용 화초, 묘목, 정원수들. 그리고 그 땅 주위에 연못을 여러 개 파서 잉어를 길러 거기서 이스라엘 전체에서 1년간 잡히는 양보다 더 많은 잉어를 기대했습니다.

이 모든 일이 어떻게 시작되었습니까? 집에 앉아서 수천 마일이나 떨어진 곳에 관한 TV 뉴스를 보던 한 사람으로부터 시작되었습니다. 대부분의 사람은 특별한 것을 아무것도 보지 못하였으나 이 사람은 저 물결치는 푸른 언덕을 보고 무엇인가 있을 수 있다는 비전을 보았습니다.

"묵시[비전]가 없으면 백성이 방자히 행하거니와 율법을 지키는 자는 복이 있느니라"(잠언 29:18). 그리스도인 지도자들이 해야 할 일을 알기 위해서는 하나님의 도우심이 필요합니다. 지도자가 비전이 없으면 사람들은 에너지를 어디에 쏟아야 할지를 모릅니다. 그들은 제멋대로 여러 방향으로 가 버립니다.

여러 해 전 만화 하나를 보았는데, 그 만화는 나의 삶에 깊은 영향을 주었습니다. 두 사람이 대화를 하고 있었는데 한 사람이 이렇게 말했습니다. "불행하게도 모든 중요한 발견은 이미 다 이루어졌단 말이야!" 너무도 많은 지도자들이 이 사람과 같은 사고방식을 가지고 있습니다. 도움의 손길을 부르고 있는, 죄로 병든 세상 속에서 그냥 만족하며 앉아 있습니다. 비전이 없다고 해서 지도자가 조직 내에서 차지하고 있는 위치를 잃지는 않을 것입니다. 그냥 현 상태를 유지해 나갈 수는 있기 때문입니다. 그러나 비효과적이어서 실제적으로는 하나님께 쓸모가 없을 것입니다.

경직된 감독자

종종 젊은 지도자들을 괴롭히는 또 하나의 문제는 감독자의 편협하고 구태의연한 방법 내에서 일을 하도록 강요당하는 것입니다. 그들은 구식의 규칙과 규례에 제한을 받고 있어서 새로운 방향을 시도하고자 하는 모험을 할 수가 없습니다. 새로운 발견을 해도 아무 격려를 받지 못합니다. 오히려 "조용히 있으라", "괜히 문제를 만들지 말라"는 말을 듣습니다.

나는 고속도로의 한 휴게소에서 일할 때 이것을 경험했습니다. 한 어린 소년이 아주 열심히 벽에 있는 지도를 바라보고 있었습니다. 갑자기 그는 자기 딴에는 신기한 사실을 발견했습니다. 그 지도에서 자기가 있는 곳의 위치를 찾았던 것입니다. 그는 자기가 어디로 가고 있는지를 알 수 있었습니다. 이 사실을 발견하고 그는 매우 신이 나서 엄마에게 가서, "엄마, 엄마, 보세요. 우리는 지금 여기에 있어요. 이제 다리를 다섯 개만 더 건너가면 할머니 집으로 가는 길이에요." 소년이 말하는 다리란 인터체인지를 가리켰습니다.

엄마는 소년을 바라보더니 큰소리로 "입 다물어. 차 안으로 들어가" 하고 꾸짖었습니다.

"하지만 보세요, 엄마." 소년은 애원하다시피 했습니다. "다리를 다섯 개만 건너면 할머니 집으로 가는 길이에요."

"차 안으로 들어가 있으라고 했지!" 엄마는 호통을 쳤습니다. 그러자 소년은 실망어린 표정을 지으면서 차 안으로 들어갔습니다. 실망의 먹구름이 얼굴을 덮었습니다.

그 광경을 보고 별로 기분이 안 좋았습니다. 그 소년을 칭찬하고 격려할 얼마나 좋은 기회인가? 그는 스스로 뭔가를 깨달았던 것입니다. 그러나 그의 영혼은 엄마의 관심 부족으로 짓밟혔습니다.

나는 젊은 지도자들의 삶 속에서 이런 일이 일어나는 것을 보았습니다. 그들은 새로운 사실을 발견하고 새로운 방법을 찾으며 지금까지의 관행을 개선합니다. 그러나 아무도 귀 기울이지 않습니다. 좌절이 그들의 영혼을 어둡게 덮습니다. 때로 그들은 그 일이 싫어져서 포기하고 떠나 버립니다. 이리하여 하나님의 나라를 위해 큰일을 할 일꾼 하나가 하나님의 나라에서 상실됩니다.

바울의 동역자인 바나바의 이름은 "권위자"라는 뜻입니다 (사도행전 4:36). 다른 말로 하면 "위로의 아들," "격려의 아들"입니다. 젊은 지도자들을 인도하고 있는 감독자들에게는 특히 격려와 위로의 성품이 필요합니다. 젊은 지도자들로 하여금 계속 열정적으로 본래의 길을 달려가도록 하기 위해서입니다. 격려자가 되는 데는 값이 많이 드는 게 아닙니다. 그러나 그 이익 배당은 많습니다. 아무 격려도 받지 못하는 지도자, 새로운 시도를 해 보도록 허용되지 않은 지도자는 결국 사상자 명단에 오르게 될 수도 있습니다.

정욕

정욕은 지도자의 치명적인 적이 되어 왔습니다. 유혹은 집에서도 오고 집 밖에서도 옵니다. 상담을 위해서라고는 하지만, 위로가 필요하고 마음이 괴롭고 비탄에 잠겨 있는 여자와 목사가 단둘이 있을 때, 또는 설교자가 낯선 도시에서 외로움을 느끼고 누군가를 사귀고 싶을 때, 지도자는 늘 경계를 해야 합니다.

　독일에서 여행을 하면서 말씀을 전하는 한 젊은 지도자가 있었습니다. 그가 호텔 방에 혼자 있는데 방문을 두드리는 소리가 났습니다. 호텔 여종업원이 들어와 커튼을 수선하려고 했습니다. 그래서 그는 들어오게 하고 앉아 있었습니다. 종업원은 침대 위로 올라가 고개를 높이 쳐들고 커튼 고리를 고치느라 애쓰고 있었습니다. 그가 종업원을 쳐다보는 순간 마침 그 종업원이 그를 내려다보더니 미소를 지었습니다.

　그때 그는 벌떡 일어나 방 밖으로 나가 식당으로 가서 커피 한 잔과 토스트를 주문했습니다. 배가 고프다거나 목이 말랐던 것은 아니었습니다. 그는 그 순간 그 방이 자기가 있을 곳이 아니라는 사실을 알았던 것입니다. 그는 디모데에게 한 바울의 충고를 따르고 있었습니다. "네가 청년의 정욕을 피하고"(디모데후서 2:22).

　행여 잘못 생각하지 마십시오. 정욕의 유혹은 젊은 지도자에게만 오는 것은 아닙니다. 잠언 7:26에 "대저 그가 많은 사람을 상하여 엎드러지게 하였나니 그에게 죽은 자가 허다하니라"라고 했습니다. 정욕은 주님의 모든 군대에서 사상자들을 만들어 내었습니다.

　어느 나라에 파송된 한 선교사는 그 나라의 한 젊은이를 사역을 위해 훈련했습니다. 그는 5년 동안 그 젊은이를 열심히 도와주었습니다. 그 젊은이는 매우 장래가 촉망되는 사람이었습니다. 그는 견고하게 성장했고 주님과 긴밀히 동행하는 삶을 살았습니다. 하나님께서 주신 여러 가지 은사를 나타내 보였고 특히 전도와 제자삼는 일에 효과적으로 드려지고 있었습니다. 선교사는 훈련 중에 있는 이 젊은이가 어느 날엔가 하나님을 위해 큰 일꾼이 될 것을 크게 기대하고 있었습니다. 그런데 그 후 그 젊은이는 믿지 않는 여자와 사귀게 되었고, 마침내 영적 폐차장에 버려지고 말 위험에 처하게 되었습니다.

많은 세월에 걸쳐 이 죄에 빠졌던 수많은 사람들의 명단에 그 젊은이는 끼게 된 것입니다. 느헤미야의 말을 기억하십시오. "…옛적에 이스라엘 왕 솔로몬이 이 일로 범죄하지 아니하였느냐? 저는 열국 중에 비길 왕이 없이 하나님의 사랑을 입은 자라. 하나님이 저로 왕을 삼아 온 이스라엘을 다스리게 하셨으나 이방 여인이 저로 범죄케 하였나니"(느헤미야 13:26).

믿음이 떨어짐

지도자를 노리는 또 하나의 함정은 베드로에게 하신 예수님의 말씀 속에 언급되어 있습니다. "그러나 내가 너를 위하여 네 믿음이 떨어지지 않기를 기도하였노니 너는 돌이킨 후에 네 형제를 굳게 하라"(누가복음 22:32). 지도자의 믿음이 떨어질 때 삶은 황폐케 되며, 나아가 그와 함께하고 있는 사람들 역시 여러 가지로 상처를 입게 됩니다.

믿음이 떨어지면 앞을 내다볼 줄 아는 시야를 잃어버립니다. 믿음이 없으면 비전을 상실하게 되고 따라서 사람들을 이끌 수가 없습니다. 고등학교 시절 나는 한 급우와 함께 그의 자동차 앞좌석을 밖으로 끄집어내고 차 밑판에 구멍을 몇 개 뚫고는 차 밑바닥에 쪼그리고 앉아 자동차를 운전하여 도로를 내려가기 시작했습니다. 앞에서 마주 오고 있는 차들은 우리 차가 운전사가 없는 차라고 생각했을 것입니다. 우리는 밑바닥에 뚫은 구멍을 통하여 도로의 중앙선을 쳐다보면서 계속 차로를 유지하며 달리고 있었습니다. 재미는 있었으나 무척 위험한 장난이었습니다. 지도자가 믿음이 떨어져 전망을 상실할 때 사역을 이끌려고 시도하는 것은 바로 이러한 위험한 장난과 같습니다. 그는 단지 그 순간 어디에 있는가에 대해서 느낌만 가지게 될 뿐입니다. 자기가 어디로 가고 있는지, 무엇을 향하고 있는지, 전체 이정표에서 어디쯤에 와 있는지를 전혀 알 수 없는 것입니다.

　또한 믿음이 떨어질 때 가치의 혼란이 일어납니다. 별 가치 없는 것들이 큰 가치가 있는 것처럼 보이고, 위대한 가치를 지닌 것들이 별 가치가 없는 것처럼 보입니다. 믿음이 없으면 올바른 가치 판단을 하지 못합니다. 급기야 포기하고 싶은 유혹이 생깁니다.

　반면에 믿음이 강할 때 가치들에 대한 올바른 시야를 갖게 됩니다. 빌리 그래함은 도슨 트로트맨의 장례식 때 이렇게 설교했습니다. "도슨에게 있어서 하나님은 위대했고 세상은 작았습니다." 이러한 이유로 해서 네비게이토의 창시자인 도슨은 열정과 확신을 가지고 세계 복음화를 위해 일할 수 있었습니다. 그 일은 하나님의 크심에 비하면 작았습니다. 그러나 믿음이 떨어지면 과제가 지도자를 압도할 수 있습니다.

그리스도인 지도자를 끌어내리기 위해 마귀가 사용하는 수단을 일일이 열거하자면 한이 없을 것입니다. 친구인 워렌 마이어즈는 대표적인 것으로, 정욕, 잘못된 이성 관계, 탐심, 물질주의, 교만, 비판적인 마음과 혀, 잘못된 교리, 영적 냉랭함 등을 들고 있습니다. 그리고 그의 아내인 룻은 거기에다 불안, 자기를 의뢰함, 반대 또는 남이 알아주지 않는 것에 대한 두려움 등을 덧붙입니다. 나는 여기에다 그리스도인의 기본적인 생활에서의 불성실함, 전도의 열심을 잃어버림, 성령의 능력 및 충만과는 반대되는 육체의 힘으로 말씀을 전하는 것, 선행을 할 때 피곤해지는 것 등을 첨가하고자 합니다. 우리는 이에 대항하여 기도로 싸워야 합니다.

분명한 것은 지도자가 일을 수행할 때 수많은 적을 맞이한다는 사실입니다. 우리에게 승리의 약속을 주신 주님께 감사하십시오. 고린도전서 15:57에 이렇게 말씀하고 있습니다. "이 모든 것을 생각하면 하나님께 어찌 이루 다 감사를 드릴 수 있겠습니까! 우리 주 예수 그리스도를 통해서 우리에게 승리를 주신 분은 하나님이십니다"(현대어 성경).

계속 정상에 머물러 있으려면

마귀의 유혹에 대항하여 기도의 싸움을 할 뿐만 아니라, 지도자가 사상자 명단에 오르는 것을 막기 위해 해야 할 것이 최소한 여섯 가지가 있습니다.

1. 본을 보이십시오. 지도자는 회중이 바라는 덕목들을 자기 몸으로 구현해야 합니다. 베드로전서 5:3에서는 지도자들에게 이렇게 말씀하고 있습니다. "맡기운 자들에게 주장하는 자세를 하지 말고 오직 양 무리의 본이 되라."

2. 종으로서 섬기십시오. 예수님께서는 지도자는 자신을 종으로 여겨야 한다고 말씀하셨습니다(마태복음 20:25-28). 사도 바울은 고린도 성도들에게 "내가 너희 영혼을 위하여 크게 기뻐함으로 재물을 허비하고 또 내 자신까지 허비하리니 너희를 더욱 사랑할수록 나는 덜 사랑을 받겠느냐?"라고 말했습니다(고린도후서 12:15). 사랑하는 데살로니가 성도들에게는 "우리가 이같이 너희를 사모하여 하나님의 복음으로만 아니라 우리 목숨까지 너희에게 주기를 즐겨함은 너희가 우리의 사랑하는 자 됨이니라"라고 말했습니다(데살로니가전서 2:8).

3. 전심으로 일하십시오. 진실로 지도자가 그 일에 자기 마음을 다하고 있지 않다면 그와 함께하고 있는 사람들도 곧 열정이 식게 될 것입니다. 어떤 농구 코치가 선수들에게 "나는 너희들이 이기든 지든 관심없다"라는 태도를 나타내 보인다면 선수들 역시 이기든 지든 신경 쓰지 않을 것입니다. 사도 바울

은 로마 성도들에게 "부지런하여 게으르지 말고 열심을 품고 주님을 섬기라"라고 도전했습니다(로마서 12:11). 그는 편지 서두에서 "나는 할 수 있는 대로 로마에 있는 너희에게도 복음 전하기를 원하노라"라고 말했습니다(롬 1:15). 지도자가 불타오를 때 따르는 자들도 불타오를 것입니다.

4. 사람들을 위하여 기도하십시오. 골로새 교회의 창설자요 지도자인 에바브라는 이 면에서 큰 도전이 되고 있습니다. 그는 사도 바울을 만나러 골로새에서 로마로 갔습니다. 그 큰 도시에서 그는 무엇을 했습니까? 구경하고 다녔습니까? 예쁜 카드를 샀습니까? 아닙니다. 바울은 이렇게 말합니다. "그리스도 예수의 종인 너희에게서 온 에바브라가 너희에게 문안하니 저가 항상 너희를 위하여 애써 기도하여 너희로 하나님의 모든 뜻 가운데서 완전하고 확신 있게 서기를 구하나니"(골로새서 4:12). 에바브라는 부지런히 보살피는 지도자요 관심이 깊은 지도자였습니다. 그는 훌륭한 지도자였습니다. 그는 부지런히 그 사람들을 위하여 기도했습니다.

5. 말씀을 가르치십시오. 사도들은 수천 명이 그리스도께 나오는 것을 보았습니다. 그러나 그것으로 만족하지 않았습니다. 계속 새로운 신자들을 가르쳐야 할 큰 짐을 느꼈습니다. 사도행전 5:42에 이렇게 기록하고 있습니다. "저희가 날마다 성전에 있든지 집에 있든지 예수는 그리스도라 가르치기와 전도하기를 쉬지 아니하니라."

6. 사역을 인도하십시오. 지도자는 감독자여야 합니다(베드

로전서 5:2). 지도자는 사역이 어디로 향하고 있는지, 사역이 어떻게 수행되어야 하는지에 대하여 마음속에 분명히 알고 있어야 하며, 또 그것을 사람들에게 분명히 전달해야 합니다. 또한 가까운 참모 또는 조언자들에게 귀를 기울일 때 많은 통찰력을 얻을 수 있습니다. 통찰력은 위로부터뿐만 아니라 아래로부터도 옵니다.

지도자를 도움

그러나 따르는 사람들이 그 지도자와 마음을 함께하지 않으면 이 모든 것이 아무 소용이 없습니다. 따르는 사람들이 공동의 목표를 이루기 위하여 그들이 할 수 있는 모든 것을 하고 있지 않으면 지도자는 일을 잘할 수 없습니다. 다음은 그들의 지도자를 돕기 원하는 사람들을 위한 몇 가지 제안입니다.

1. 지도자들을 위해 기도하십시오. 지도자가 따르는 사람들을 위해 기도해야 하는 것처럼, 따르는 사람들도 지도자를 위해 기도해야 합니다. 바울은 끊임없이 이것을 일깨워 주었습니다. 골로새 성도들에게 이렇게 말했습니다. "우리를 위하여 기도하라"(골로새서 4:3). 로마 성도들에게 이렇게 편지했습니다. "형제들아, 내가 우리 주 예수 그리스도로 말미암고 성령의 사랑으로 말미암아 너희를 권하노니 너희 기도에 나와 힘을 같이하여 나를 위하여 하나님께 빌어"(로마서 15:30).

2. 함께 참여하십시오. 지도자를 도와서 함께 짐을 지십시오. 지도자가 당신을 필요로 할 때 언제든지 응하십시오. 예수님의 말씀을 기억하십시오. "너희가 만일 남의 것에 충성치 아니하면 누가 너희의 것을 너희에게 주겠느냐?"(누가복음 16:12).

3. 지도자들을 경제적으로 도우십시오. 기쁨으로 드리십시오. 주님께서는 이것을 원하십니다. 시몬의 집에 들어와 예수님 머리에 향유를 부은 여인에 대하여 예수님께서 칭찬하신 것이 바로 이것이었습니다. "저가 힘을 다하여 내 몸에 향유를 부어 내 장사를 미리 준비하였느니라"(마가복음 14:8). 자신의 힘이 닿는 대로 드리십시오. 그것이 주님께서 우리에게 요구하시는 것입니다.

4. 지도자를 격려하십시오. 사도들의 팀에 "권위자"(권위의 아들)인 바나바가 있었다는 사실은 분명 그들에게 큰 힘이 되었을 것입니다. 마귀는 당신의 지도자들을 실망시키기 위해 여러 가지 것을 이용합니다. 그들을 격려하며 기쁘게 해 주는 말을 하십시오.

5. 당신의 사회생활에 지도자들과 그들의 가족을 포함시키십시오. 너무나도 자주 그리스도인 지도자들은 "보통" 사람들의 삶에서 격리되어 있습니다. 사람들은 흔히 지도자들을 감히 함께할 수 없는 "특별한" 사람으로 생각하여 따로 구별합니다. 사람들이 지도자를 그들의 친구로 여길 수 있다는 것은 지도자에게는 행복입니다.

6. 지도자의 자녀들이 계속 바른길로 갈 수 있도록 도우십시오. 지도자의 자녀들을 사랑하십시오. 해변, 산, 유원지, 경기장 등에 가거나 게임을 할 때 그들도 참여시키십시오. 그들과 재미있게 지내십시오. 그들이 제자로 성장하도록 도우십시오. 지도자의 자녀들이 받아들여지고 있고 보살핌을 받고 있다고 느끼게 해 주십시오. 그들이 그 지혜와 키가 자라 가며 하나님과 사람 앞에서 더욱 사랑스러워 갈 수 있도록 당신이 할 수 있는 것을 하십시오(누가복음 2:52). 그렇게 할 때 당신은 지도자와 자녀가 모두 사상자 명단에 오르지 않도록 도울 수 있습니다.

제 Ⅲ 부

승리의 전략

9

헌 신

지금까지 우리는 그리스도인들을 사상자 명단에 들게 할 수 있는 유혹 또는 함정, 어려움, 문제, 압력들을 살펴보았습니다. 이제는 우리를 영적 전쟁에서 계속 "전투 가능 병력" 명단에 있도록 도와줄 수 있는, 하나님의 말씀에 나타난 원리를 자세히 살펴보고자 합니다.

굴복

그리스도인의 삶의 핵심은 그리스도의 주재권에 굴복하는 것입니다. 그리스도의 주재권에 대한 굴복이 없이는 다른 모든 것은 무익합니다. 우리는 하나님의 말씀에 대한 사랑, 기도에 대한 헌신, 하나님의 말씀에 순종하려는 마음에 대해서 얼마든지 말할 수도 있습니다. 그러나 바리새인도 그렇게 할 수 있습니다. 바리새인들은 주님께로부터 몹시 책망을 받았습니다. 굴복은 매일 필요합니다. 선택해야 할 일들이 날마다 우리에게 주어집니다. 우리는 자신을 선택하든지 주님을 선택하든지 해야 합니다.

빌립보서 2:5-11 말씀은 그리스도의 주재권에 대해서 잘 말해 주고 있습니다.

> 너희 안에 이 마음을 품으라. 곧 그리스도 예수의 마음이니, 그는 근본 하나님의 본체시나 하나님과 동등됨을 취할 것으로 여기지 아니하시고 오히려 자기를 비어 종의 형체를 가져 사람들과 같이 되었고 사람의 모양으로 나타나셨으매 자기를 낮추시고 죽기까지 복종하셨으니 곧 십자가에 죽으심이라. 이러므로 하나님이 그를 지극히 높여 모든 이름 위에 뛰어난 이름을 주사 하늘에 있는 자들과 땅에 있는 자들과 땅 아래 있는 자들로 모든 무릎을 예수의 이름에 꿇게 하시고 모든 입으로 예수 그리스도를 주라 시인하여 하나님 아버지께 영광을 돌리게 하셨느니라.

주님으로서 우리의 삶을 다스리시는 그리스도의 주재권에 대한 굴복은 겸손하게 자기를 낮추며 자기를 죽이는 데서 시작됩니다. 그리스도께서는 이 영역에 있어서 우리의 완전한 모범이십니다. 주님께서는 하늘나라를 떠나 이 땅에 오셨고, 고난을 당하시고 십자가에서 돌아가셨습니다. 왜 그러셨습니까?

주님께서는 천국에 계실 모든 "권리"를 가지고 계셨습니다. 천국은 주님께서 마땅히 계실 집이었습니다. 주님께서는 영원하신 하나님이십니다. 그러나 자신을 "낮추셨고" 자신을 "비우셨습니다." 자신의 권리에 집착하지 않으셨습니다. 하나님과 동등됨을 취할 것으로 여기지 않으셨습니다. 오히려 그 모든 것을 버리셨습니다.

영원하신 그리스도께서 사람의 아들 예수님이 되셨습니다. 자기 백성을 그들의 죄에서 구하시려고 사람이 되셨습니다. 실로 놀라운 사건입니다. 성육신은 하나의 신비입니다.

그런데 그리스도의 생애에서 신비로 채워져 있는 또 하나의 사건이 있습니다. 그것은 겟세마네 동산에서 일어났습니다. 예수님은 이렇게 기도하셨습니다. "아버지여, 만일 아버지의 뜻이 어든 이 잔을 내게서 옮기시옵소서. 그러나 내 원대로 마옵시고 아버지의 원대로 되기를 원하나이다"(누가복음 22:42). 그리스도께서 자기를 비우고 인간이 되셨듯이 겟세마네 동산에서 자기의 뜻을 비우고, 하나님의 사랑하시는 아들로서의 권리를 포기하고, 자신을 하나님 아버지의 뜻에 굴복시키셨습니다.

여기에 놓쳐서는 안 되는 매우 중요한 점이 있습니다. 그리스도께서는 사람의 형상을 입는 그 이상을 하셨습니다. 그리스도께서는 "종의 형체"를 가지셨습니다. 예수님께서 만일 변화산 상의 모습으로 이 땅에 오셨다면 우리를 구원하시기 위한 주님의 굴복과 고난, 죽음은 있을 수 없었을 것입니다.

이것은 우리에게도 적용됩니다. 주님께서 "자기를 낮추시고 죽기까지 복종하신" 것처럼 우리도 그래야만 합니다. 당신과 내가 사상자 명단에서 제외되어 우리의 사는 모든 날 동안 주님을 섬기려면, 우리는 그리스도의 주재권에 깊이 굴복해야 합니다. 예수님께서 자기의 권리에 집착하지 않으셨듯이, 우리도 우리의 권리에 집착해서는 안 됩니다. 그럴 수가 없는 것입니다.

우리가 그리스도의 주재권에 굴복할 때 어떤 삶을 살게 됩니까? 아무 기쁨과 만족이 없는 삶을 살게 될까요? 어떤 그리스도인들은 그리스도의 주재권에 굴복할 때 주님께서 그에게서 모든 기쁨과 만족을 앗아 가지나 않을까 하고 생각하기도 합니다. 이는 잘못된 생각입니다. 그리스도께서 베들레헴과 겟세마네, 골고다로 가기로 한 자신의 결심을 후회하신 적이 있습니까? 없습니다. 이사야는 이렇게 말합니다. "그가 자기 영혼의 수고한 것을 보고 만족히 여길 것이라. 나의 의로운 종이 자기 지식으로 많은 사람을 의롭게 하며 또 그들의 죄악을 친히 담당하리라"(이사야 53:11). 마찬가지로 우리가 그리스도의 주재권에 굴복하여 주님의 뜻에 순종할 때 이생에서 참된 만족이 있을 것입니다.

굴복은 가장 지혜로운 것이다

그리스도께 대한 굴복은 우리가 할 수 있는 가장 지혜로운 일입니다. 일시적인 것을 주고 영원한 것을 얻는 것은 결코 어리석은 행동이 아닙니다. 이것은 모래 위가 아니라 반석 위에 집을 짓는 것과 같이 아주 지혜롭고 이치에 합당한 일입니다(마태복음 7:24-27). 사도 요한의 말을 생각하십시오. "이 세상도 그 정욕도 지나가되 오직 하나님의 뜻을 행하는 이는 영원히 거하느니라"(요한일서 2:17).

요한일서 2:15-16에서 사도 요한은 이 세상을 사랑하지 말라고 경계했습니다. "이 세상이나 세상에 있는 것들을 사랑치 말라. 누구든지 세상을 사랑하면 아버지의 사랑이 그 속에 있지 아니하니, 이는 세상에 있는 모든 것이 육신의 정욕과 안목의 정욕과 이생의 자랑이니 다 아버지께로 좇아 온 것이 아니요 세상으로 좇아 온 것이라." 왜 그렇습니까? 우리 마음이 우리가 사랑하는 것에 집착하기 때문입니다. 우리는 그것들을 즐거워하고 그것들을 생각하고 그것들에 대하여 꿈을 꿀 것입니다. 쓰레기가 탈 때 그 악취가 대기 중에 퍼져 사람들에게 해를 주듯이, 우리가 이 세상을 사랑할 때 세상은 우리 영혼을 가득 메워 해를 끼칩니다.

우리의 생각과 꿈이 이 세상으로 가득 차 있을 때 우리는 세상적이 됩니다. 그리고 이는 그리스도인에게 치명적인 것입니다. 왜 그렇습니까? 우리의 삶이 사라져 가고 있는 것에 사로잡혀 있기 때문입니다. 이 세상은 결국 일시적이고 무대에서 사라져 버릴 것입니다. 세상의 아름다움은 시들고 세상의 기초는 무너집니다. 겉으로는 세상의 모든 것이 매우 견고하고 아주 매력적이고 매우 실제적으로 보입니다. 그러나 세상의 날들은 끝날 날이 얼마 안 남았습니다. 카운트다운이 시작되었습니다.

곧 파산할 것을 아는 은행에 당신은 예금을 하겠습니까? 아파트 건물의 기초가 무너지리라는 것을 안다면 그 아파트에 있는 집을 사겠습니까? 자동차 바퀴 네 개가 모두 빠지려고 한다는 사실을 알고도 그 자동차를 타고 장거리 자동차 여행을 떠나겠습니까? 비행기 승무원이 심히 술에 취해 있다는 사실을 알고도, 또 그 비행기가 곧 연료가 떨어지며 착륙기어가 작동되지 않는다는 사실을 알고도 그 비행기를 타겠습니까? 활화산 아래에 집을 짓고 살겠습니까?

당신이 그러한 질문에 모두 아니오라고 대답한다면 어찌 자신의 장래를 세상의 손에 맡기려고 합니까? 세상은 곧 사라질 것이며, 지금 운명의 벼랑을 향하여 끊임없이 미끄러져 가고 있으며, 그 기초가 녹슬어 붕괴될 위험에 처해 있으며, 쓸모없이 되어 가고 있습니다. 이러한 비교와 함께 사도 요한은 우리에게 그리스도의 뜻에 굴복한 사람은 영원히 산다고 말하고 있습니다. 따라서 그리스도께 굴복한다는 것은 진실로 아주 현명한 일입니다.

산제사

로마서 12:1-2에서 이렇게 말씀하고 있습니다. "그러므로 형제들아, 내가 하나님의 모든 자비하심으로 너희를 권하노니 너희 몸을 하나님이 기뻐하시는 거룩한 산제사로 드리라. 이는 너희의 드릴 영적 예배니라. 너희는 이 세대를 본받지 말고 오직 마음을 새롭게 함으로 변화를 받아 하나님의 선하시고 기뻐하시고 온전하신 뜻이 무엇인지 분별하도록 하라." 우리는 오직 그리스도께 굴복함으로써만이 하나님께서 기뻐하시는 선하고 온전한 삶을 살 수 있습니다.

위 말씀은 구약 시대의 제사를 끌어다 말하고 있습니다. 구약 시대의 성도들은 그들의 소유물 중에서 어떤 것을 취해 하나님께 드렸습니다. 그러나 여기서는 신약 시대의 성도들에게 하나님의 뜻을 행하기 위해서는 그들 자신을 산제사로 드리라고 요구합니다. 하나님의 용서와 영생에 대한 약속에 응답하여 우리 자신을 산제사로 드리라고 명합니다. 우리의 몸과 마음 전체로 하나님을 예배해야 하는 것입니다.

구약 시대의 제사는 몇 분 동안 제단 위에서 제물을 불사르는 것으로 그만이었습니다. 그러나 신약 시대의 제사는 일생토록 계속되어야 합니다. 하지만 우리 자신을 이렇게 산제사로 드리는 삶은 어둡고 침울하고 단조롭고 고된 그런 삶이 아닙니다. 그 삶은 하나님께서 기뻐하시는 선하고 온전한 삶입니다.

굴복의 발걸음

믿음으로 굴복의 발걸음을 내디디십시오. 오직 그리스도의 주재권에 굴복한 이후에라야 우리는 그분의 뜻을 발견할 수 있습니다. "주님, 제가 잠시 그것을 테스트하게 해 주십시오. 그런 다음 그런 삶이 좋으면 제가 굴복하겠습니다"라고 하나님과 흥정할 수는 없습니다. 하나님의 선하시고 기뻐하시고 온전하신 뜻은 하나님을 의뢰하고 발걸음을 내딛는 사람들에게 계시됩니다.

예수님께서는 이 원리를 알고 계셨습니다. "사람이 하나님의 뜻을 행하려 하면 이 교훈이 하나님께로서 왔는지 내가 스스로 말함인지 알리라"(요한복음 7:17). 당신이 기꺼이 하나님의 뜻을 행할 준비가 되어 있을 바로 그때에, 오직 그때에만, 하나님께서 선하시고 기뻐하시고 온전하신 뜻을 보여 주시는 것입니다.

당신이 자신의 뜻을 죽이고 하나님의 뜻에 굴복할 때 하나님의 능력이 당신의 삶을 가득 채우고 당신으로 하여금 하나님의 위대하시고 영원하신 목적들을 자유로이 성취할 수 있게 합니다. 얼마나 놀랍습니까? 어떤 사람은 오직 소수의 특권을 받은 사람들만이 전능하신 하나님께서 최상이라고 말씀하시는 그러한 삶을 살 수 있을 것이라고 생각합니다. 그러나 그렇지 않습니다. 그런 삶은 당신과 나와 같은 사람도 똑같이 살 수 있습니다. 그러나 거기에는 여전히 자신을 산제사로 드리는 일이 필요합니다. 그리스도의 주재권하에서 사는 삶의 제사가 필요한 것입니다.

이런 제사를 두려워할 이유가 전혀 없습니다. 간절한 기대를 가지고 발걸음을 내디디십시오. 성경은 이렇게 말씀합니다. "너희는 이전 일을 기억하지 말며 옛적 일을 생각하지 말라. 보라 내가 새 일을 행하리니 이제 나타낼 것이라. 너희가 그것을 알지 못하겠느냐?…"(이사야 43:18-19).

이 말씀은 하나님의 백성들이 낙심 가운데 있을 때 하신 말씀이었습니다. 그들의 포로 생활은 힘들었습니다. 하나님께서 그들에게 해방을 확신시켜 주고 계십니다. 하나님께서는 그들을 포로로 잡은 자들의 권세를 깨뜨릴 것입니다. 그들의 믿음이 약하다는 것을 아시고 하나님께서는 홍해를 건넌 것과 같은 옛적의 위대한 승리의 사건들을 그들에게 상기시켜 주셨습니다. 이제 하나님께서는 더 위대한 일들이 그들을 기다리고 있다고 말씀하셨습니다.

이스라엘 민족 가운데서 참된 하나님의 사람들은 이러한 하나님의 약속에 대해서 어떤 반응을 나타냈을까요? 곧 새로운 일이 있을 예정입니다. 이전에 본 것과는 완전히 다른 일일 것입니다. 그들의 예상을 전혀 뒤엎는 일일 것입니다. 그 새로운 일을 생각하고 이스라엘 백성들은 얼굴에 기쁨이 가득 찼을 것입니다. 아마도 디즈니랜드에 데리고 간 아이들의 얼굴에 나타난 것과 같은 기쁨과 흥분이 이스라엘 민족을 사로잡았을 것입니다.

하루는 손자들을 데리고 디즈니랜드에 갔습니다. 디즈니랜드 입구에 들어서자 손자 녀석들은 좋아서 어쩔 줄을 몰랐습니다. 미키 마우스와 도널드 덕이 우리를 맞이했습니다. 그때 칙칙폭폭 증기를 내품으며 뿌웅 하고 기적을 울리면서 기차가 옆으로 지나갔습니다. 가는 곳마다 새로운 일들이 벌어졌는데 갈수록 더욱 신나는 일이 기다리고 있었습니다. 아이들은 여기에는 뭐가 있을까, 저기에는 뭐가 있을까 잔뜩 기대에 부풀어 있었고 안달이 나서 가만히 있지를 못했습니다.

우리도 역시 이러한 마음 자세를 가지고 있어야 합니다. 이러한 마음 자세로 그리스도께 굴복해야 합니다. 하나님께서는 당신의 삶 속에서 새로운 일을 행하려고 하십니다. 하나님께서 다음에는 어떤 일을 하실까? 나를 어떻게 사용하실까? 어떤 새로운 방법으로 자신을 내게 보여 주실까? 내가 어떤 귀하고 새로운 약속들을 하나님의 말씀 안에서 발견하게 될까? 하나님께서 나의 기도에 어떻게 응답하실까?

주님의 뜻에 굴복하기로 했을 때 하나님께서는 바야흐로 당신을 전적으로 새로운 세계로 인도하실 것입니다. 이 굴복은 하나님께서 당신이 사상자가 되지 않도록 하기 위해 사용하실 수 있는 가장 기초가 되는 믿음의 발걸음입니다. 죄의 길과 이 세상을 좇는 삶은 주님께 굴복하는 삶의 기쁨에 비하면 전혀 비교도 안 될 정도로 따분한 것입니다.

성령: 전투 시 우리의 자원

하나님께서는 그리스도의 주재권하에서 사는 사람들에게 한 가지 특별한 자원을 주셨습니다. 그 자원은 바로 하나님의 성령이십니다.

성령께서는 사탄이 우리를 사상자 명단에 집어넣기 위해 사용하는 두 개의 주요한 악의 세력 즉 밖으로는 거짓 교사들과 안으로는 죄와 싸우도록 우리를 도우십니다.

거짓 교사들이 거짓 교리를 가지고 들어올 때 성령은 우리를 도우셔서 참과 거짓을 분별할 수 있게 하십니다. "우리가 세상의 영을 받지 아니하고 오직 하나님께로 온 영을 받았으니 이는 우리로 하여금 하나님께서 우리에게 은혜로 주신 것들을 알게 하려 하심이라"(고린도전서 2:12). 우리가 회개하고 그리스도를 믿을 때 성령을 받습니다. 성령은 우리 안에 살아 계십니다. 성경은 이렇게 말합니다. "너희가 하나님의 성전인 것과 하나님의 성령이 너희 안에 거하시는 것을 알지 못하느뇨?"(고린도전서 3:16).

거짓 교리로 우리를 쉴 새 없이 공격하며 괴롭히는 거짓 교사들을 우리는 성령의 지혜와 능력으로 말미암아 이길 수 있습니다. 우리가 하나님께로부터 나온 진리를 알 수 있다면 무엇이 거짓인지를 분별할 수 있을 것입니다. 주님을 따르기를 원하는 자들에게 이 사실은 큰 위로와 확신을 줍니다. 그러나 이 생에서 거짓 도로 표지판을 분별하기가 항상 쉬운 것은 아닙니다. 참된 것이 거짓인 것처럼 나타날 때도 있고, 거짓이 참인 것처럼 나타날 때도 있습니다.

하나님의 성령께서는 우리로 하여금 우리 자신의, 죄로 향하는 경향과 싸우도록 도와주십니다. 이 경향은 제어하지 않으면 우리를 사상자 명단에 집어넣을 수 있습니다. 정욕, 교만, 인색, 탐욕, 미움 등 이러한 강력한 적들은 우리의 영적 전쟁에서 큰 위험을 주는 존재입니다. 이는 성령의 능력으로 말미암아 극복될 수 있습니다. 성령께서는 우리로 하여금 우리 죄를 깨닫게 하여 주며, 하나님의 말씀을 우리에게 열어 주며, 마음속에 이런 위험한 야수들을 숨기고 있는 것이 얼마나 위험한지를 보여 줍니다. "청년이 무엇으로 그 행실을 깨끗케 하리이까? 주의 말씀을 따라 삼갈 것이니이다. 내가 주께 범죄치 아니하려 하여 주의 말씀을 내 마음에 두었나이다"(시편 119:9,11). 성령께서는 우리에게 우리 죄를 보여 주실 뿐 아니라 우리로 하여금 그 죄를 고백하고 깨끗케 함을 얻을 수 있게 하십니다. "만일 우리가 우리 죄를 자백하면 저는 미쁘시고 의로우사 우리 죄를 사하시며 모든 불의에서 우리를 깨끗케 하실 것이요"(요한일서 1:9).

능력으로 함께하심

성령께서는 또한 하나님의 능력을 우리에게 부어 주시며 우리와 함께하여 주심으로써 우리를 격려하시고 우리를 도와주십니다. 사도 바울은 디모데에게 보내는 편지에서 이에 대하여 말했습니다. "내가 처음 변명할 때에 나와 함께한 자가 하나도 없고 다 나를 버렸으나 저희에게 허물을 돌리지 않기를 원하노라. 주께서 내 곁에 서서 나를 강건케 하심은 나로 말미암아 전도의 말씀이 온전히 전파되어 이방인으로 듣게 하려 하심이니 내가 사자의 입에서 건지웠느니라"(디모데후서 4:16-17).

바울은 당시 로마의 감옥에 있었습니다. 재판을 받을 때는 변호인이 피고의 입장에서 피고를 변호하며 증거를 제시하는 것이 관례입니다. 그러나 아무도 바울을 변호하지 않았습니다. 바울 편에 서서 바울을 위하여 증언할 사람이 아무도 없었습니다. 그는 모든 사람에게 버림을 당했습니다. 십중팔구 바울과 함께 있다는 게 위험했기 때문일 것입니다. 처음 바울과 함께했던 사람들이 다 바울을 버렸으나 주님만은 바울을 버리시지 않고 바울과 함께 계셨습니다. 주님께서는 바울 곁에 서 계셔서 주님의 능력을 바울에게 불어넣어 주셨습니다.

신구약 성경 전체를 통하여 우리와 함께하셔서 능력으로 우리를 강하게 하시는 하나님을 볼 수 있습니다. 하나님께서는 이사야 41장에서 이렇게 말씀하십니다. "두려워 말라. 내가 너와 함께함이니라. 놀라지 말라. 나는 네 하나님이 됨이니라. 내가 너를 굳세게 하리라. 참으로 너를 도와주리라. 참으로 나의 의로운 오른손으로 너를 붙들리라. 이는 나 여호와 너의 하나님이 네 오른손을 붙들고 네게 이르기를 '두려워 말라. 내가 너를 도우리라' 할 것임이니라"(10,13절).

주님께서는 자기 백성들이 사상자가 되지 않기를 원하십니다. 주님께서는 그들의 두려움을 잔잔케 하시고 그들의 믿음을 견고하게 해 주십니다. 주님께서는 "내가 과연 너희를 버리지 아니하고 과연 너희를 떠나지 아니하리라"라고 약속하십니다(히브리서 13:5). 여러 가지 압력이 우리의 심령을 짓누르며 위협할 때 주님의 말씀은 주님의 자비와 긍휼과 성실하심을 깨우쳐 주십니다. "여호와의 자비와 긍휼이 무궁하시므로 우리가 진멸되지 아니함이니이다. 이것이 아침마다 새로우니 주의 성실이 크도소이다"(예레미야애가 3:22-23).

하나님께서 영원히 우리 안에 거하시며 우리와 함께하신다는 사실을 가장 분명하게 보여 주는 것은 제자들에게 하신 예수님의 약속입니다. "내가 아버지께 구하겠으니, 그가 또 다른 보혜사를 너희에게 주사 영원토록 너희와 함께 있게 하시리니, 저는 진리의 영이라. 세상은 능히 저를 받지 못하나니 이는 저를 보지도 못하고 알지도 못함이라. 그러나 너희는 저를 아나니, 저는 너희와 함께 거하심이요 또 너희 속에 계시겠음이라"(요한복음 14:16-17).

성령께서는 우리의 위로자요 상담자요 조력자요 옹호자요 중보자이십니다. 우리를 강하게 하여 주시는 분이십니다. 우리 옆에서 우리를 도우시는 분이십니다. 아무도 바울을 변호하지 않을 때 주님께서는 바울 곁에 서서 그를 변호해 주셨습니다.

성령께서는 바로 우리 곁에 서서 우리를 도와주십니다. 당신이 성경을 펴서 그리스도에 대하여 누군가에게 말하기 시작할 때 성령께서도 또한 그 사람에게 말씀하기 시작하십니다. 성령께서는 그 사람에게 그의 죄를 깨닫게 하시며, 하나님께서 요구하시는 완전한 의의 수준을 보여 주시며, 그에게 다가올 심판을 경고하십니다. 바꾸어 말하자면, 오순절 이래로 우리가 전도할 때 1대 1로 전도한 경우가 한 번도 없다는 것입니다. 2대 1로 전도하고 있는 것입니다. 복음을 듣는 사람이 있고, 복음을 전하는 사람이 있고, 그리고 그 옆에서 능력으로 함께하시면서 도우시는 성령님이 계십니다.

우리가 우리의 삶을 그리스도께 굴복할 때 하나님께서 주님의 자원을 공급해 주신다는 사실에 머리로 동의하기란 쉽습니다. 또한 그것이 현명하고 옳고 성령으로부터 나온 것이라는 데는 쉽게 동의할 수 있습니다. 그러나 머리로 동의하는 것은 쉬울지 몰라도 그것을 행동으로 옮기는 것은 그리 쉽지 않습니다. 다른 사람들은 몰라도 내게 있어서는 쉽지 않습니다.

내가 그리스도인이 되었을 때 옛 친구들은 여러 가지 이야기를 해 주었습니다. 내가 전적으로 예수님을 따를 생각이라고 말하자 그들은 그것은 정말 좋지 않은 생각이라고 했습니다. "너 잘못해도 이만저만 잘못한 게 아니야! 네 모든 즐거움을 빼앗아 갈 텐데 이제 넌 무슨 재미로 살 거니?" 하고 이구동성으로 말했습니다. 그러나 돌이켜 보면 그들의 말은 틀렸습니다. 나는 그들의 말대로 웃음과 모든 즐거움을 빼앗긴 삶을 살았습니까? 그렇지 않습니다. 그러나 설령 내 삶에 재미있는 것들이 하나도 없다 해도 나는 주님을 따라 계속 앞으로 나아가겠다고 하나님께 고백하지 않을 수 없습니다. 나는 주님을 따르기로 굴복했습니다!

그러나 굴복은 거기서 끝나지 않았습니다. 하나님께서 나를 부르신 그 일 안에서 매 순간 내게 닥치는 새로운 선택에 직면해야 했고 나는 그때마다 새롭게 주님께 굴복해야 했습니다. 예를 들면 나는 자주 설교를 해 달라는 요청을 받습니다. 때로는 동시에 두 곳에서 초청이 들어옵니다. 그러면 둘 중에 하나를 선택해야만 합니다. 한 곳은 물을 마시는 것이 안전하지 않고 음식도 다르고 또 큰 모기 떼가 괴롭히고 기후가 덥고 습하며 방은 환기도 잘 안 되고 마루나 방바닥에서 자야 하는 곳입니다. 또 한 곳은 물이 좋고 음식이 입에 맞고 방은 환기가 잘 되어 있고 안락한 침대가 있는 곳입니다. 그럴 때 어떻게 결정해야 합니까? 내 자신의 편안함을 위주로? 더 쉬운 것을 위주로? 아닙니다. 매 경우마다 나는 바울의 간단한 기도를 합니다. "주여, 무엇을 하리이까?"(사도행전 22:10). "주님, 주님께서는 제가 무엇을 하기를 원하십니까?" 하고 나는 물어야 합니다.

당신에게는 어떤 테스트가 있을지 모릅니다. 당신이 정말 그리스도의 주재권에 굴복하는 삶을 살고 있는지 하나님께서는 시험하실 것입니다. 내가 아는 분명한 사실은 테스트는 반드시 온다는 것입니다. 그런 테스트가 올 때 당신은 유혹에 굴복하여 사상자가 되어서는 안 됩니다. 당신은 그럴 필요가 없습니다. 하나님의 승리의 약속과 우리와 함께하셔서 능력으로 강하게 하시는 하나님의 임재에 대해 감사하십시오. 그러면 당신도 열심과 믿음을 가지고 마리아와 같이 주님의 뜻에 굴복하는 응답을 할 수 있습니다. "주의 계집종이오니 말씀대로 내게 이루어지이다"(누가복음 1:38).

10
훈 련

내가 만난 대부분의 그리스도인들은 목사가 모든 일을 잘 해 나가도록 돕는 것으로 만족했습니다. 물론 예외들이 있었지만 내가 다니던 작은 교회에서는 대부분의 교인들이 조용히 앉아서 목사님이 목사님으로서 해야 할 일을 하게 하고, 그들은 그것에 대해 목사님께 사례비를 지불하고 있었습니다. 목사님을 후원하고 재정적으로 지원하고 그를 위해 기도하고 그의 설교를 듣는 것이 그들의 일이었습니다. 목사님은 다시 성경을 공부하여 교인들에게 설교를 하고 가르치고 불신자들에게 복음을 전하였습니다. 그는 혼자서 그 모든 일을 했고 잘 해 내셨습니다. 나도 역시 마땅히 그래야 한다고 생각했습니다.

그러나 그 후 나는 한 무리의 그리스도인들을 만났습니다. 네비게이토 선교회에서 활동하고 있는 사람들이었습니다. 그들은 "그렇게 생각해서는 안 된다"고 말하는 것 같았습니다.

모든 그리스도인 - 목사와 교인 모두 - 이 "나가서 전투에 참여해야 한다"는 것이 그들의 생각이었습니다. 모든 그리스도인들이 복음을 전하고 정기적으로 성경을 공부하며 성경 말씀을 암송해야 한다는 것이었습니다. 그들은 그들의 생각을 뒷받침해 주는 성경 말씀을 많이 인용했습니다.

나는 이 사람들과 더욱 깊이 관계를 맺고 그 일에 참여하면서 그 성경 말씀들을 대부분 공부하고 암송하였습니다. 많이 있지만 삶과 사역에 대한 그들의 관점을 잘 보여 주는 말씀을 하나만 든다면 다음과 같습니다. "다 칼을 잡고 싸움에 익숙한 사람들이라 밤의 두려움을 인하여 각기 허리에 칼을 찼느니라"(아가 3:8).

싸움을 위한 준비

아가 3:7에서 알 수 있듯이 이들은 "이스라엘의 용사들"입니다. 이 사람들은 다윗 때부터 섬겨 왔습니다. 그들은 전투를 위한 열정을 가진 훌륭한 군인들이었습니다. 그들은 무기를 사용하는 법을 훈련받았습니다. 그들은 훈련되고 한마음을 지닌 용사들이었습니다(역대상 12:33). 그들은 "모든 군기를 가지고 항오를 정제히 하고 두 마음을 품지 아니하고 능히 진에 나아가서 싸움을 잘하는 자"였습니다. 네비게이토 형제들은 아가 3:8에서 "다"와 "각기"라는 말을 가리켰습니다. 단지 선택

된 소수가 아니라 그리스도의 이름으로 일컫는 모든 사람이 그와 같이 되어야 했습니다. 물론 목사님은 그래야 됩니다. 그러나 좌석에 앉아 있는 교인들도 또한 그렇게 되어야 합니다.

이러한 생각은 오늘날에는 대부분의 복음적인 교회에서 퍽 잘 받아들여지고 있지만 당시에는 혁명적인 생각이었습니다. 1940년대에는 목사는 믿음의 "용사"들이었고 교인들은 목사가 그의 일을 잘하도록 돕는 일종의 후방 지원팀이었습니다. 목사님만 말씀에 "익숙한" 사람이었습니다.

네비게이토 형제들은 성경을 성령의 검으로 여겼습니다. 그들은 평범한 신자들도 하나님의 말씀으로 무장되어 있어야 한다고 주장하였습니다. 그리스도인이면 누구나 다른 사람들을 그리스도께로 인도하며 그들이 영적으로 성장하도록 돕기 위해 하나님의 말씀을 "익숙하게" 사용할 줄 알아야 한다고 했습니다.

2차대전 중 해병대에서 복무하면서 겪은 한 가지 경험은 영적 전투에서도 이런 준비가 필요하다는 것을 생각나게 해 주었습니다. 우리는 펠레리우에 침투하여 해안을 공격했습니다. 포탄 한 발이 우리 수륙양용 탱크에 맞았습니다. 우리가 미처 대응하기도 전에 또 한 발의 포탄이 우리 좌측에 있는 75밀리 구경 포탄 더미 위에 떨어졌습니다. 우리는 모두 신속히 그 탱크에서 뛰쳐나와 내륙 쪽으로 진격하기 시작했습니다.

얼마 후 선임하사가 내게 오더니 물었습니다. "이상 없나?"

"예, 이상 없습니다."

선임하사는 나를 쳐다보더니 물었습니다. "철모는 어디 있나?"

"탱크에 두고 왔습니다."

"탄띠는 어떻게 했나?"

"탱크에 두고 왔습니다."

"그럼 소총은 어디 있나?"

"탱크에 두고 왔습니다."

나는 구덩이에서 구덩이로, 나무에서 나무로, 덤불에서 덤불로, 지형지물을 이용하여 열심히 앞으로 진격하고 있었지만 사실 아무 쓸모없는 존재였고 내 자신을 방어하는 데도 무력했습니다. 나는 나의 무기와 방어 장비를 모두 뒤에 두고 온 것이었습니다. 네비게이토 형제들이 "다"와 "각기"를 강조하면서 내게 영향을 주려고 했던 것이 바로 이 점이었습니다. 그들은 성경 공부, 성경 읽기, 성경 암송 및 묵상의 방법을 내게 가르쳐 주었고, 그 말씀들을 삶에 적용하는 법을 가르쳐 주었습니다.

도슨 트로트맨은 핵심이 되는 성경 구절을 암송해 두는 것은 마치 마음이라는 화살통에 화살을 간직하는 것과 같다고 말하곤 했습니다. 성령께서는 그 화살을 취하여 우리의 입술의 활에 재어 그리스도를 위해 다른 영혼을 꿰뚫을 수 있습니다. 우리는 인간적인 지혜와 인간이 만든 주장에 의지해서는 안 됩니다. 우리는 하나님의 말씀으로 우리의 삶을 가득 채우며 그 말씀들에 근거한 확신을 가져야 합니다.

말씀의 특징

하나님의 말씀을 읽고 공부하고 암송하고 묵상하는 일에 우리 자신을 훈련하는 것은 매우 중요합니다. 이 사실을 뒷받침해 주는 성경 말씀을 하나 들면 시편 19:7-11입니다.

여호와의 율법은 완전하여 영혼을 소성케 하고, 여호와의 증거는 확실하여 우둔한 자로 지혜롭게 하며, 여호와의 교훈은 정직하여 마음을 기쁘게 하고, 여호와의 계명은 순결하여 눈을 밝게 하도다. 여호와를 경외하는 도는 정결하여 영원까지 이르고, 여호와의 규례는 확실하여 다 의로우니, 금 곧 많은 정금보다 더 사모할 것이며 꿀과 송이꿀보다 더 달도다. 또 주의 종이 이로 경계를 받고 이를 지킴으로 상이 크니이다.

여기에서 시편 기자는 말씀의 몇 가지 속성을 이야기합니다. 하나씩 살펴보기로 하겠습니다.

1. 성경은 "완전하여 영혼을 소성케" 합니다. 인간은 완전에 도달할 수가 없습니다. 하나님께서는 그 말씀 안에서 이 완전을 이루셨습니다. 성경은 절대적으로 흠이 없습니다. 우리는 성경에 아무것도 더할 수 없습니다. 성경은 그 자체로 완전합니다.

성경이 완전하다는 이 진리가 무시되는 때가 종종 있습니다. 한 기독교 지도자가 말하기를, 성경은 "불완전"하기 때문에 방언으로 말해야 한다고 주장하는 것을 들은 적이 있습니다. 그는 고린도전서 13:10을 인용했습니다. "온전한 것이 올 때에는 부분적으로 하던 것이 폐하리라." 우리는 아직도 하나님께서 하나님의 계시를 완성하시기를 기다리고 있으며, "온전한 것"은 아직 오지 않았다고 주장했습니다. 그러므로 하나님께서는 방언의 은사를 통하여 하나님의 "불완전한" 말씀에 계속 더하고 계신다고 그는 주장했습니다. 이것은 참으로 난센스입니다! 너무도 모독적입니다! 성경은 하나님으로부터 온 완전한 계시의 말씀입니다.

이 "완전한" 성경 말씀을 통하여 하나님께서는 회개와 그리스도께 대한 믿음으로 부르시고 성령의 능력으로 말미암아 영혼을 거듭나게 하십니다. 베드로전서 1:23에서는 "너희가 거듭난 것이 썩어질 씨로 된 것이 아니요 썩지 아니할 씨로 된 것이니 하나님의 살아 있고 항상 있는 말씀으로 되었느니라"라고 했습니다. 그리고 야고보서 1:21에서는 "그러므로 모든 더러운 것과 넘치는 악을 내어 버리고 능히 너희 영혼을 구원할 바 마음에 심긴 도를 온유함으로 받으라"라고 했습니다.

일단 거듭나면 우리는 하나님의 말씀이 우리 영혼을 위한 양식이라는 것을 발견합니다. 우리가 낙심하여 힘을 잃게 되었을 때 말씀은 내적인 활력을 다시 불러일으키고 우리의 상한 심령을 소성시킵니다.

2. 성경은 "확실하여 지혜롭게" 합니다. 이 불확실한 시대에 성경이 확실하다는 사실을 아는 것은 위로가 됩니다. 이 확실

하다는 말에는 법정에서 선서하고 증언하다는 의미가 들어 있습니다. 히브리서에서는 이 증언에 대해서 다음과 같이 언급하고 있습니다.

> 하나님이 아브라함에게 약속하실 때에 가리켜 맹세할 자가 자기보다 더 큰 이가 없으므로 자기를 가리켜 맹세하여… 하나님은 약속을 기업으로 받는 자들에게 그 뜻이 변치 아니함을 충분히 나타내시려고 그 일에 맹세로 보증하셨나니, 이는 하나님이 거짓말을 하실 수 없는 이 두 가지 변치 못할 사실을 인하여 앞에 있는 소망을 얻으려고 피하여 가는 우리로 큰 안위를 받게 하려 하심이라. 우리가 이 소망이 있는 것은 영혼의 닻 같아서 튼튼하고 견고하여 휘장 안에 들어가나니. (히브리서 6:13,17-19)

"이 두 가지 변치 못할 사실"이란 하나님의 "약속"과 "맹세"를 가리킵니다. 사도 요한은 "이 두 가지 변치 못할 사실"을 그리스도와 그리스도의 말씀이라고 했습니다(요한계시록 22:16,18). 자기 자녀들에게 약속을 하시고, 그다음에 그 약속을 지키실 것을 맹세로 보증하신 영원하신 하나님을 우리는 모시고 있습니다. 이 사실을 믿지 않는다고 하는 것은 하나님을 위증자로 고소하는 것과 같습니다. 하나님께서는 그리스도와 그리스도의 말씀에 우리의 소망의 닻을 내리게 하셨습니다.

이 모든 것을 더욱더 확증하기 위하여 하나님께서는 "자기를 가리켜 맹세"하셨습니다(히브리서 6:13). 하나님께서는 우리의 믿음을 견고하고 튼튼하게 하셔서 역경과 시험과 고통의 바람이 불어올지라도 우리가 확신을 가지고 안심하고 그것들을 맞이할 수 있게 하십니다. 하나님의 확실한 말씀은 우리를 견고하게 지켜 줄 것입니다. 우리는 이 세상의 움직이는 모래에가 아니라 하나님의 확실한 약속의 말씀에 닻을 내리고 있습니다.

3. 성경은 "정직하여 마음을 기쁘게" 합니다. 정직하다는 것은 "바르다, 곧다"는 의미를 내포하고 있습니다. 따라서 바른 것을 알고 행하기를 원한다면, 인생의 수수께끼들에 대한 바른 답을 원한다면 성경으로 돌아가십시오.

이 세상의 많은 목소리들이, 어떤 특별한 스타일로 돌아가라, 어떤 세상적 목표를 이루라, 어떤 세상의 야망을 성취하라고 우리를 부추기고 있습니다. 이중 많은 것이 아주 매력적으로 보입니다. 그러나 우리는 항상 그것을 하나님의 말씀에 비추어 평가해 보아야만 합니다. 그렇지 않으면 사상자 명단에 들게 되어 인생이 슬픔과 재난으로 끝날 수가 있습니다. 바울은 그로 하여금 기쁨으로 "나의 달려갈 길을 마칠 수 있게" 할 말씀을 택했습니다(사도행전 20:24). 입술에서 노래가 흘러나오며 얼굴에 미소를 머금고 생의 마지막에 다다르는 것은 얼마나 멋진 일입니까? 말씀은 우리의 사는 모든 날 동안 마음에 기쁨을 줄 수 있습니다.

4. 성경은 "순결하여 눈을 밝게" 합니다. 성경은 더러운 것에 오염되어 있지 않습니다. 성경 안에는 우리를 영적으로 병

들게 하는 것이 아무것도 없습니다.

　어느 해 여름 우리 부부는 아시아를 여행하고 있었습니다. 저녁 식사를 하러 작은 식당에 들어가 앉아 음식을 주문했습니다. 음식이 나왔습니다. 내가 고기를 한 입 물었을 때 아주 단단한 것이 씹혔습니다. 나는 씹을 수 없는 물렁뼈 같은 것이려니 하고 통째로 꿀꺽 삼켰습니다. 다시 한 입을 베어 물었습니다. 이번에도 역시 딱딱한 것이 씹혔습니다. 이번에는 그것을 뱉어 내어 조사해 보았습니다. 뜻밖에 작은 유리 조각이었습니다! 자세히 조사해 보니 그 고기에는 유리 조각이 여러 개나 더 있었습니다. 아마 주방에서 일하던 사람이 병이나 접시를 깨뜨렸는데 그중 일부가 내 음식에 떨어졌던 것 같습니다.

　우리의 영혼의 양식인 하나님의 말씀에는 아무 이물질도 들어 있지 않으니 하나님께 감사드립니다. 말씀은 절대적으로 순수합니다. 우리는 절대 안심하고 언제든지 말씀을 먹을 수 있습니다. 하나님의 말씀은 "바르기" 때문에 우리는 믿음의 말씀 안에서 양육을 받습니다(디모데전서 6:3-4).

　5. 성경은 "정결하여 영원까지" 이릅니다. 정결하다는 말은 "빛나다" 또는 "밝다"로도 번역될 수 있습니다. 요한일서 1:5에서는 이렇게 말했습니다. "우리가 저에게서 듣고 너희에게 전하는 소식이 이것이니 곧 하나님은 빛이시라. 그에게는 어두움이 조금도 없으시니라." 하나님은 빛이시요 그에게는 어두움이 조금도 없다는 사실을 안다면 우리는 주님의 말씀도 빛날 것을 온전히 기대할 수 있습니다.

당신은 빛이 약한 등이나 손전등을 가지고 어두운 길을 가본 적이 있습니까? 성경은 결코 당신이 길을 잃어버리게 하지 않을 것입니다. 시편 119:105은 이렇게 말합니다. "주의 말씀은 내 발에 등이요 내 길에 빛이니이다."

어두움 속에서 더듬거리며 걷는 것은 위험합니다. 고등학교 시절 나는 친구 몇 명과 함께 어느 날 수박 밭으로 가서 수박 서리를 한 적이 있습니다. 우리는 지키고 있던 어른들에게 현장에서 들켰습니다. 나는 어둠 속에서 번개같은 동작으로 몸을 피해 달아나려는데 그 순간 뭔가가 목에 걸렸습니다. 목 높이로 쳐둔 줄에 정통으로 목이 걸려 거의 죽을 뻔했습니다. 한참 동안이나 땅바닥에 주저앉아 있었습니다. 숨이 막히고 콜록콜록거리고 진땀을 흘렸습니다. 한참만에야 회복되었습니다.

그러나 그리스도인은 어둠 속에서 더듬거릴 필요가 없습니다. 하나님의 말씀을 붙잡고 확신 있게 나아가십시오. 성령께서는 성경 말씀을 사용하셔서 당신이 도랑에 빠지지 않고 길 위를 올바로 걸어갈 수 있게 해 주실 것입니다.

6. 성경은 "확실하여 다 의"롭습니다. 성경은 정확무오한, 성령의 감동으로 기록된 하나님의 말씀입니다. 성경은 시간과 문화를 초월합니다. 성경의 메시지는 모든 세대, 모든 시대를 위한 것입니다. 당신은 당신의 영원한 생명과 당신의 매일의 삶을 거기에 걸 수 있습니다. 그것을 읽고 듣고 공부하며 암송하십시오. 여기에는 훈련이 필요합니다. 그러나 그 훈련은 할 만한 가치가 있습니다.

기도의 훈련

영적으로 무능해지는 것을 피하기 위해 우리가 해야 할 또 하나의 훈련이 기도의 훈련입니다. 우리는 성경을 조금만 보아도 매일 기도의 훈련이 필수적인 것임을 알 수 있습니다. 예수님께서는 우리의 최고 모범이십니다. 예수님의 생애에 있었던 한 가지 사건은 기도의 삶에 깊이를 더하기 원하는 우리에게 특별한 교훈을 주고 있습니다. "예수께서 나가사 습관을 좇아 감람산에 가시매 제자들도 좇았더니, 그곳에 이르러 저희에게 이르시되 '시험에 들지 않기를 기도하라' 하시고, 저희를 떠나 돌 던질 만큼 가서 무릎을 꿇고 기도하여"(누가복음 22:39-41).

이 구절에 세 가지가 나타나 있습니다.

1. 예수님께 있어서 기도는 꾸준히 계속해 오시던 습관이었습니다. 이 구절에 "습관을 좇아"라고 말씀하고 있습니다. 우리는 이렇지 못한 경우가 너무도 많습니다. 우리의 기도의 삶은 지속적이지가 못합니다. 하다 안 하다 합니다. 골로새서 4:2에서는 "기도를 항상 힘쓰라"라고 권고합니다. 기도의 훈련이 중단되지 않도록 힘써서 계속해야 한다는 것입니다.

기도의 훈련이 약화되기는 매우 쉽습니다. 아내는 이 면에서 내게 큰 도전이 되었습니다. 어느 해 크리스마스 휴일 기간에 우리 집에는 많은 손님이 그칠 새 없이 찾아 왔습니다. 아내는 일찍 일어나 부엌 테이블로 가서 으레 성경 말씀을 읽고 묵상한 후 경건의 일기를 씁니다. 그다음 아내는 빈 방으로 가서 기도하는 것이 습관이었습니다. 그러나 그때는 손님이 계셔서 방을 사용할 수 없었습니다. 아내는 나의 서재로 갔습니다. 이번에는 내가 공부를 할 게 있어서 서재를 써야 했습니다. 그래서 아내는 우리의 침실로 갔습니다. 아내가 주님과의 시간을 그만두기 위해 변명하기란 쉬웠을 것입니다. 그러나 아내는 기도 시간을 포기하지 않았습니다. 아내는 장소가 불편할지라도 엄격히 그것을 지켰습니다.

2. 예수님께서는 "기도의 장소"로 가셨습니다. 자기 나름대로 일정한 기도의 장소를 갖는 것이 좋습니다. 매일 아침 경건의 시간을 갖기 위해 필요한 것들, 이를 테면 성경, 찬송가, 경건의 일기 노트, 기도 노트 등을 거기에 갖다 두십시오.

어떤 장소를 주님께 거룩하게 구별하여 떼어 놓는다는 것은 특별한 의미가 있습니다. 성령께서는 그 장소를 하나님과의 교제를 위한 특별한 장소 즉 거룩한 곳으로 만드십니다. 일정한 장소를 갖는 것은 목표에 집중하고 마음이 곁길로 나가지 않도록 지키는 데 도움이 됩니다. 경건의 시간에 엉뚱한 것을 생각하게 될 때는 그 내용을 노트에 적고 다시 기도로 돌아가십시오. 기도의 장소를 가지고 있지 않다면 한곳을 정해 계속 그곳을 사용하십시오.

3. 예수님께서는 기도에 헌신되셨습니다. 예수님께서는 그 장소에 있는 것이 자신의 생명을 대가로 치르는 것이라는 사실을 아시면서도 그 장소로 가셔서 기도하셨습니다. 가룟 유다는 예수님을 어디에 가면 찾을 수 있는지를 잘 알고 있었습니다.

그는 자주 예수님께서 거기서 기도하시는 모습을 보았습니다. 예수님께서 평소의 습관을 따르지 않고 장소를 바꾸었더라면 유다는 예수님을 잘 찾을 수 없었을 것입니다.

죽음을 각오하는 이 헌신은 다니엘을 생각나게 합니다. 왕국에 한 법이 반포되었습니다. "이제부터 삼십 일 동안에 누구든지 왕 외에 어느 신에게나 사람에게 무엇을 구하면 사자 굴에 던져 넣기로 한" 법이었습니다(다니엘 6:7). 이 법이 다니엘에게 영향을 주었습니까? 그는 30일 동안 그의 기도 시간을 보류하기로 했습니까? 아닙니다. "다니엘이 이 조서에 어인이 찍힌 것을 알고도 자기 집에 돌아가서는 그 방의 예루살렘으로 향하여 열린 창에서 전에 행하던 대로 하루 세 번씩 무릎을 꿇고 기도하며 그 하나님께 감사하였더라"(다니엘 6:10).

예수님의 기도 생활은 함께 생활한 제자들에게 큰 영향을 미쳤을 것입니다. 우리는 사도행전 6:4 말씀을 통해 그것을 알 수 있습니다. "우리는 기도하는 것과 말씀 전하는 것을 전무하리라." 기도에서의 예수님의 지속성은 제자들에게로 이어졌습니다.

당신이 아직 정기적인 기도의 시간을 갖지 않고 있다면 정기적인 기도의 시간을 지속적으로 갖기로 결심하십시오. 기도 생활의 발전을 위해서는 두 가지가 필요합니다. 하나는 기도 생활을 발전시켜야겠다는 자원하는 마음과 이를 위한 구체적인 계획과 행동입니다. 그러나 우리의 결심과 노력만으로는 안 됩니다. 그러므로 또 하나, 하나님의 은혜와 도우심이 절대적으로 필요합니다. 우리는 이 일에도 하나님을 전적으로 의뢰해야 합니다.

훈련된 기도 생활을 통해서 얻을 수 있는 유익이 하나 있는데 종종 간과되고 있는 것입니다. 우리는 하나님께서 "Yes"라고 응답하신 기도와 "No"라고 응답하신 기도를 수년 동안 관찰하면서 하나님의 성품에 대하여 배우게 됩니다. 예를 들어, 무관심한 부모는 자기 자녀가 차가 많이 다니는 길에서 노는 것을 허용할 수 있습니다. 그러나 사랑하는 부모라면 허용하지 않을 것입니다. 하나님께서는 우리에게 해로운 것에 대해서는 우리의 기도에 "No"라고 응답하십니다. 이러한 "No"라는 응답은 하나님의 사랑과 관심을 나타냅니다. 요한일서 5:14-15에서는 이렇게 말합니다. "그를 향하여 우리의 가진바 담대한 것이 이것이니 그의 뜻대로 무엇을 구하면 들으심이라. 우리가 무엇이든지 구하는 바를 들으시는 줄을 안즉 우리가 그에게 구한 그것을 얻은 줄을 또한 아느니라."

훈련은 '전투력 상실'을 막는다

여러 해 동안 나는 안타깝게도 많은 사람들이 사상자 명단에 오르는 것을 보았습니다. 그들은 전진하기를 멈추고 세상의 유혹에 굴복해 버렸습니다. 재리의 유혹, 보다 편한 삶의 약속, 교묘한 자기중심주의, 기타 무수한 유혹들, 이런 것들이 그들을 쓰러뜨렸습니다. 그러나 한 가지 분명한 것이 있습니다. 즉 그리스도를 삶의 중심에 모시며 매일 성경 말씀을 섭취하며 기도하는 훈련을 통해 그리스도의 주재권하에서 계속 살아가는 한, 전투 현장을 떠나는 사람을 본 적이 결코 없다는 사실입니다.

"낙오한" 군인들에게 어디에서 떨어지게 되었는지를 물으면 한결같이 맨 먼저 어떻게 아침 기도와 성경 읽기에 불성실하게 되었는지를 이야기할 것입니다. 그리고 얼마 후 성경 공부와 성경 암송을 중단하게 되는 것은 퍽 쉬웠다고 그들은 고백할 것입니다. 그다음 교회와 그리스도인의 교제에도 안 나가게 되고, 마침내 그는 영적으로 전투력을 상실하게 되어 "사상자" 명단에 들게 된 것입니다.

당신에게는 이런 일이 일어나지 않게 하십시오. 하나님께서는 기본적인 삶에서의 이러한 훈련을 사용하셔서 당신이 계속 불이 활활 타오르며 "전투 가능 병력" 명단에 있게 하실 것입니다. 꾸준히 그리스도와 동행하며 또 그 일을 훈련할 때 오르막길도 있고 내리막길도 있을 것입니다. 특히 처음에는 실패할 때도 있을 것입니다. 그러나 실패한다고 해서 이로 인해 당신의 노력이 물거품으로 돌아가게 해서는 안 됩니다. 당신의 노력을 결코 단념하지 마십시오. 진실로 중요한 것치고 헌신과 노력 없이 성취된 것은 없습니다. 바울처럼 그리스도 예수 안에서 하나님께서 위에서 부르신 부름의 상을 위해 힘써 달려갑시다(빌립보서 3:14).

11
영적 배가

거리를 지나가면서 주위를 바라보십시오. 당신은 무엇을 봅니까? 집? 자동차? 나무? 아파트? 빌딩?

이웃 사람들은 지금 무엇을 하고 있을까요? 일요일 아침이라면 방송에서 복음 프로그램이 방영되고 있을 때 사람들은 아마 잠을 자고 있을 것입니다. 11쯤이라면 교회의 종소리가 울리고 안내위원들이 교회 문에서 기다리며 따뜻한 환영의 인사를 보낼 때 이웃들은 아마 신문을 읽고 있을 것입니다. 그들은 커피를 두 잔째 즐기고 있을 것입니다. 좀 더 의욕적인 사람들은 계절에 따라 다르겠지만 차를 닦기도 하고, 잔디를 깎기도 하고, 눈을 치우기도 할 것입니다.

이 모든 것을 지켜보면서 당신은 어떤 생각을 하고 있습니까? 무엇이 이루어져야 하지 않겠습니까? 사람들은 복음을 들어야 합니다. 그러나 어떻게? 그들은 방송에서 복음 메시지가

전해지고 있을 때 잠을 자고 있습니다. 그들은 교회 문이 열릴 때 다른 일을 하고 있습니다.

그 답은 무엇일까요? 아니 "누가 그 답인가?"라고 묻는 게 좋을 것입니다. 답은 바로 당신입니다.

헌신과 훈련이 우리가 사상자 명단에 들지 않는 데 있어서 필수적이듯이 우리는 영적 생명력과 활기를 유지하기 위해서는 복음을 가지고 계속 다른 사람들에게 나아가는 것이 필요합니다. 이 영적 전쟁에서 하나님의 나라는 땅을 얻어야 하는데 그것은 단지 땅을 차지하는 것이 아닙니다. 우리는 사람들의 영혼을 얻어야 합니다. 이 장에서는 이러한 책임에 대하여 이야기하고자 합니다. 단지 복음을 전하고 간증을 나누고 전도지를 나눠 주고 사람들을 교회로 초청하는 것 이상을 말합니다. 우리는 잃어버린 영혼들에게 복음을 전할 뿐 아니라 복음을 듣고 그리스도를 믿어 거듭난 사람들을 영적으로 도와주어야 합니다.

구름 같은 증인들

"가서 제자를 삼으라"라는 예수 그리스도의 지상사명(마태복음 28:19-20)에는 두 가지 핵심이 있습니다. 즉 전도와 확립입니다. 우리는 잃어버린 자들을 구원하고, 구원받은 자들을 굳게 세워 주어야 합니다. 이 두 가지 사역이 하나로 합쳐질 때 배가가 일어납니다. 사람들을 그리스도께로 인도할 뿐만 아니라 그들이 그리스도와 동행하도록 훈련해야 하는 것입니다. 때가 되면 그들은 다시 다른 사람들의 삶 속에 그 과정을 반복합니다. 이는 간단한 개념이지만 복음의 전파를 위해 어마어마한 잠재력을 지니고 있습니다. 또한 세계 복음화에 관심이 있는 많은 이들의 마음속에 최근에야 꽃피운 개념입니다.

네비게이토 선교회의 창시자인 도슨 트로트맨은 이 개념을 기독교계로 하여금 깨닫게 하는 데 주님께 쓰임을 받았습니다. 도슨은 기독교계에 놀라운 재능을 가진 훌륭한 전도자들이 많이 있던 축복받은 시기에 살았습니다. 이 전도자들은 국내 및 국외에서 대규모 집회 등을 통하여 많은 사람들을 그리스도께로 인도하였습니다. 도슨은 이 전도자들을 대부분 잘 알고 있었고 그들의 수고를 칭찬했으며 도슨 자신도 많은 사람들을 그리스도께로 인도한 그리스도의 증인이었습니다. 그런데 그가 주님 안에서 성장하고 하나님의 말씀을 공부했을 때 그는 한 가지 아이디어를 얻게 되었습니다.

한 성경 말씀이 계속 마음에 떠올랐습니다. 하나님께서는 도슨에게 뭔가를 말씀하고 계셨던 것입니다. 하나님께서는 혁명적으로 보이고 새롭게 보이는 어떤 것을 그에게 보여 주고 계셨습니다. 그는 열매 맺는 사람이 되어야 했습니다. 그러나 그것으로 끝나서는 안 되었습니다. 그는 열매를 맺을 뿐 아니라 영적으로 '배가'를 해야 했습니다.

여기에 보통의 평범한 그리스도인이 그리스도를 위해 세상에 큰 영향을 미칠 수 있는 한 가지 길이 있습니다. 모든 신자가 영적으로 배가하는 사역에 참여할 수 있다면 많은 사람들을 그리스도께로 인도하는 일에 하나의 미개발된 광대한 자원이 성령께 사용될 수 있을 것입니다. 훌륭한 전도자들의 수고가 수많은 평범한 그리스도인들의 증거에 의해 보완될 수 있을 것입니다.

당신은 이 모든 것의 잠재력을 보고 있습니까? 한 네비게이토 간사는 그것을 다음과 같이 표현했는데 지금도 잊히지 않습니다. 그는 사과 하나를 들더니 그 속에 씨가 몇 개나 들어 있는지 물었습니다. 그다음 그는 사과 씨 하나를 들더니 더 의미심장한 질문을 했습니다. "이 씨 하나 속에 사과가 얼마나 들어 있습니까?" 놀라운 질문이었습니다. 그 안에는 잠재적으로 수백, 수천, 수만 개의 사과가 들어 있었습니다. 셀 수 없이 많은 사과가 들어 있었습니다.

열매 맺고 배가하는 한 사람의 잠재력은 어마어마합니다. 한 개의 조그만 사과 씨 속에 수백만 개의 사과가 들어 있듯이, 당신의 삶과 사역을 통하여 하나님 나라로 태어나게 되기를 기다리고 있는 수백만의 영혼들이 있습니다.

당신 자신에 대하여 당신이 가지고 있는 자아상을 바꿀 필요가 있지 않습니까? 아마 당신은 자신을, 목사님이 목사님의 일을 하도록 돕는 사람으로만 생각할지도 모릅니다. 이 말도 맞는 말입니다. 마땅히 그래야만 합니다. 목사님에게는 당신의 도움이 필요하기 때문입니다. 그러나 여기서 끝나서는 안 됩니다. 하나님께서는 당신 안에서 훨씬 더 많은 것을 보고 계십니다. 당신을 "좋은 씨"로 보고 계십니다. 하나님께서는 많은 열매를 맺기 위해 당신을 사용하실 수 있습니다. 그렇습니다. 뛰어난 재능을 가진 사람이나 능란한 말재주를 가진 사람만이 아니라 "평범한" 당신을 사용하십니다. 당신이 이렇게 생각하지 않는다면 당신은 사실상 자신을 사상자 명단에 들게 하는 것입니다. 이는 큰 비극입니다.

전도의 열쇠

잠시 당신의 이웃에게로 눈길을 돌려보십시오. 하나님을 떠나 길을 잃고 영적인 문제에 무관심하며 자기만족에 빠져 있고 이 세상에 매여 있습니다. 당신은 어떻게 그들의 삶 속에 들어가 그들을 그리스도께로 인도하겠습니까?

나는 최근 한 그리스도인 사업가가 자기 친구들, 이웃들, 사업 동료들에게 어떻게 복음을 전했는가에 대하여 한 그룹에서 말하는 것을 들은 적이 있습니다. 그는 11가지를 이야기했는데 마음에 새겨 둘 만했습니다.

1. 복음 증거에 대한 열망을 가지라. 평범한 그리스도인이 그리스도를 위해 효과적인 증인이 되려면 먼저 잃어버린 영혼에 대한 뜨거운 마음이 있어야 합니다. 사탄의 권세에서 해방되어 그리스도께로 나아온 사람들을 보려는 열망을 가지고 있어야

합니다. 이러한 마음을 주시도록 주님께 기도하십시오. 복음을 전하는 일에 마음이 내키지 않습니까? 다음 성경 구절을 깊이 묵상해 보십시오.

가령 내가 악인에게 말하기를 "너는 꼭 죽으리라" 할 때에, 네가 깨우치지 아니하거나 말로 악인에게 일러서 그 악한 길을 떠나 생명을 구원케 하지 아니하면 그 악인은 그 죄악 중에서 죽으려니와 내가 그 피 값을 네 손에서 찾을 것이고, 네가 악인을 깨우치되 그가 그 악한 마음과 악한 행위에서 돌이키지 아니하면 그는 그 죄악 중에서 죽으려니와 너는 네 생명을 보존하리라. (에스겔 3:18-19)

너는 사망으로 끌려가는 자를 건져 주며 살육을 당하게 된 자를 구원하지 아니치 말라. 네가 말하기를 나는 그것을 알지 못하였노라 할지라도 마음을 저울질 하시는 이가 어찌 통찰하지 못하시겠으며 네 영혼을 지키시는 이가 어찌 알지 못하시겠느냐? 그가 각 사람의 행위대로 보응하시리라. (잠언 24:11-12)

2. 당신 자신이 되라. 다른 그리스도인을 그대로 복사하려고 하지 마십시오. 하나님께서는 **당신**을 사용하기 원하십니다.

3. 매일 경건의 시간을 가지라. 왜 그렇습니까? 예수님께서 "나는 포도나무요 너희는 가지니 저가 내 안에, 내가 저 안에 있으면 이 사람은 과실을 많이 맺나니 나를 떠나서는 너희가 아무것도 할 수 없음이라"라고 말씀하셨기 때문입니다(요한복

음 15:5). 주님과의 긴밀한 교제를 통하여 우리는 주님께서 쓰실 수 있는 깨끗한 그릇으로 준비되는 것입니다. 자신의 죄를 자백하고 삶의 우선순위들을 올바로 하며 그리스도의 주재권에 굴복하는 주님 중심의 삶을 사십시오.

4. 말씀을 공부하라. 복음의 메시지는 성경 안에 있습니다. 불신자들이 던지는 질문에 대한 대답이 성경 안에 있습니다. 훌륭한 증인이 되기 위해서는 성경을 잘 알고 있어야 합니다.

5. 불신자의 이름을 구체적으로 불러 가며 기도하라. 거리를 지날 때 매일 이웃들을 위해 기도하십시오. 그들을 알게 될 기회를 달라고 기도하십시오. 학교나 직장에서 동료들의 이름을 불러 가며 기도하십시오. 그들에게 복음을 전할 기회를 주시도록 기도하십시오.

6. 그들과 관계를 맺으려고 노력하라. 당신을 고립시키지 마십시오. 대화에 참여하십시오. 그들과 공통점을 찾으려고 노력하십시오. 특별한 음식이 있으면 이웃과 함께 나누십시오. 그들과 접촉하여 복음을 전할 기회를 의도적으로 찾으십시오.

7. 그들에게 관심을 가지라. 이웃과 인사를 나눈 후에는 그들에게 가서 그들의 정원, 그들의 자동차 등 여러 가지 것에 관심을 보이십시오.

8. 그들의 필요를 채워 주라. 이웃 중에 아픈 사람이 있으면 요리를 해서 갖다 주십시오. 그들의 자녀들을 돌봐 주십시오. 친구가 되려고 하십시오.

9. 복음을 전하는 법을 알라. 복음을 분명하게 전할 수 있어

야 합니다. 당신이 잘 알고 있는 방법을 사용하십시오. 네비게이토에서 발행한 다리 예화 전도지인 "하나님의 선물인 영생"은 이 면에서 많은 도움이 될 것입니다. 기타 도움이 되는 자료들이 많이 있습니다.

10. 그들에게 복음을 전한 후 그리스도를 영접하도록 권유하라. 다음과 같은 간단한 질문을 하십시오. "자, 복음을 들으셨습니다. 지금 그리스도를 영접하시겠습니까?"

11. 그 새로운 그리스도인을 양육하라. 그를 성경공부 모임, 그리스도인의 교제, 교회에 데리고 나가십시오. 그를 개인적으로 만나 도와주십시오.

양육의 중요성

열한 번째 열쇠인 양육은 대단히 중요합니다. 당신은 열매를 맺을 뿐 아니라 배가를 해야 합니다. 양육은 배가의 첫 단계입니다. 당신의 이웃이 영적으로 성장하기 시작하고 다른 사람에게 그리스도에 대하여 이야기하는 법을 배우게 되면 그는 또 다른 사람들을 그리스도께로 인도하게 될 것입니다. 다시 그는 그 사람들 가운데서 그 과정을 반복하게 될 것입니다. 이렇게 해서 당신은 영적 자녀, 영적 손자를 가지게 될 것이고, 이 일은 계속 이어질 것입니다.

양육이 또한 중요한 것은, 그리스도께 가장 해를 끼칠 수 있는 사람들이 바로, 말로는 그리스도인이라고 주장하면서 그리스도인의 삶을 살고 있지 않는 사람들이기 때문입니다. 양육을 통하여 성령께서는 사람들을 그리스도의 형상으로 변화시켜 나갈 수 있습니다. 그리고 또한 그들을 사상자 명단에 들지 않게 해 줄 수 있습니다.

효과적으로 양육을 하려면 사람들과 당신의 삶을 기꺼이 나누어야 합니다. 바울은 데살로니가전서 1:5-10에서 이렇게 말했습니다.

> 이는 우리 복음이 말로만 너희에게 이른 것이 아니라 오직 능력과 성령과 큰 확신으로 된 것이니 우리가 너희 가운데서 너희를 위하여 어떠한 사람이 된 것은 너희 아는 바와 같으니라. 또 너희는 많은 환난 가운데서 성령의 기쁨으로 도를 받아 우리와 주를 본받은 자가 되었으니, 그러므로 너희가 마게도냐와 아가야 모든 믿는 자의 본이 되었는지라, 주의 말씀이 너희에게로부터 마게도냐와 아가야에만 들릴 뿐 아니라 하나님을 향하는 너희 믿음의 소문이 각처에 퍼지므로 우리는 아무 말도 할 것이 없노라. 저희가 우리에 대하여 스스로 고하기를 우리가 어떻게 너희 가운데 들어간 것과 너희가 어떻게 우상을 버리고 하나님께로 돌아와서 사시고 참되신 하나님을 섬기며 또 죽은 자들 가운데서 다시 살리신 그의 아들이 하늘로부터 강림하심을 기다린다고 말하니 이는 장래 노하심에서 우리를 건지시는 예수시니라.

바울은 데살로니가인들에게 복음을 전했습니다. 다시 이 새로운 그리스도인들은 그 복음 메시지를 마게도냐와 아가야에 있는 사람들에게 전했습니다. 그러나 그것은 그저 우연히 일어난 일이 아닙니다. 저절로 일어난 일이 아닙니다. 바울은 이 사람들과 개인적인 시간을 보내야만 했습니다. "너희도 아는 바와 같이 우리가 너희 각 사람에게 아비가 자기 자녀에게 하듯 권면하고 위로하고 경계하노니, 이는 너희를 부르사 자기 나라와 영광에 이르게 하시는 하나님께 합당히 행하게 하려 함이니라"(데살로니가전서 2:11-12). 그는 각 사람이 하나님께 합당한 삶을 살도록 그들을 권면하고 위로하고 경계했던 것입니다.

당신이 다른 사람들의 삶 속에 참여하게 될 때 당신의 마음과 생각은 올바른 것들에 고정됩니다. 사상자 명단에 들지 않는 핵심 방법 중에 하나가 다른 사람들을 영적으로 돕는 일에 깊이 참여하는 것입니다. 그리고 다른 사람들의 삶 속에 참여하는 것은 우리의 마음을 계속 "올바른 것"에 고정되도록 해줍니다. 갈라디아서 5:16에서는 이렇게 말합니다. "내가 이르노니 너희는 성령을 좇아 행하라. 그리하면 육체의 욕심을 이루지 아니하리라."

계속 전진하십시오. 계속 주님의 일에 열심히 참여하십시오. 비행 중에 있는 비행기가 계속 일정한 속도로 앞으로 나아가는 한 양력이 중력보다 더 커서 비행기는 떨어지지 않고 계속 날아갈 수 있습니다. 이와 비슷하게 영적 폐차장에 버려지는 것을 피하려면 우리는 계속 싸워야 하며, 주님과 주님께서 우리를 부르신 일이 우리의 마음을 차지해야만 합니다.

12
순 종

3년 동안 우리 커피포트는 작동이 잘되었습니다. 그런데 어느 날 코드를 꽂았는데도 물이 끓지 않았습니다. 그래서 수리점에 가지고 갔더니 점원이 "무슨 일이십니까?" 하고 물었습니다.

"작동이 안 됩니다" 하고 내가 대답했습니다.

점원은 코드를 플러그에 꽂아 보더니 "아마도 코드가 문제인 것 같습니다"라고 했습니다. 점원은 새로운 코드를 포트에 꽂고 플러그에 꽂았습니다. 불이 들어왔습니다. "코드를 새 것으로 교환해야겠습니다" 하고 점원은 말했습니다.

나는 새 코드를 사서 집에 와 포트에 물을 붓고 코드를 플러그에 꽂았습니다. 물이 끓기 시작했습니다! 아내와 나는 커피를 한 잔씩 마셨습니다.

그 커피포트에 일어났던 일이 신자에게도 일어날 수 있습니다. 하나님과 그리스도의 제자 사이의 연결이 끊어지면 아무것도 일어나지 않습니다. 하나님께서 이 땅 위에서 하나님의 일을 이루시기 위해 그런 그리스도인은 사용하실 수가 없습니다. 영적 필요는 채워지지 못하며 잃어버린 영혼들은 그들의 죄 가운데서 고달픈 생활을 계속하게 됩니다. 결국 제자의 마음은 냉랭해지고 주님께서는 그 사람을 옆으로 제쳐 두고 주님의 명령을 따르게 하기 위해 다른 사람을 취하시지 않으면 안 됩니다. 주님과 "연결이 끊어진" 그리스도인은 사상자가 되어 있습니다.

무엇이 그 생명적인 연결을 끊었습니까? 하나님의 말씀에 대한 불순종입니다. 제자가 순종 가운데 행하는 한 모든 것은 잘됩니다. 그러나 불순종은 곧 "플러그에서 코드를 뽑는" 것과 마찬가지입니다.

하나님은 무엇을 원하시는가

사람들은 종종 하나님의 말씀에 대한 순종을 잘못 이해하고 있습니다. 하나님께서 정말로 원하시는 것은 무엇입니까? 자신이 올바른 길을 가고 있다고 생각하는 많은 사람들이 사실은 잘못된 방향으로 가고 있는 경우가 있습니다.

몇 년 전 내가 만난 한 무리의 사람들을 예로 들어보기로 하겠습니다. 나는 그들의 교회에서 설교를 부탁받았습니다. 내가 도착했을 때 그들 중 몇 명은 크고 둥근 배지를 달고 있는 것을 보았습니다. 그 배지는 그 배지를 단 사람들이 매주 여섯 번쯤 되는 교회의 모든 모임에 빠지지 않고 참석했다는 사실을 보여 주고 있었습니다.

나는 배지를 단 사람들과 이야기를 해 보았는데 그들은 자신에 대하여 아주 만족하고 있었습니다. 그들은 자신을 훌륭한 사람, 교회의 기둥으로 생각하고 있었습니다. 그러나 배지를 달지 않은 사람들은 그런 자신이 없었습니다. 배지를 달지 않은 사람들은 배지를 단 사람들 앞에서 위축되어 있었습니다.

나는 그날 저녁 펼쳐진 그 작은 드라마를 지켜보면서 배지를 단 사람들이 과연 주님께서 원하시는 것을 하고 있을까 하는 의문이 들었습니다. 그들이 으스대면서 배지를 안 단 사람들을 내려다보고 자기들은 하나님을 기쁘시게 하고 있다는 생각에 자기만족의 웃음을 띠고 있는 것을 보십시오. 분명한 것은 그들이 주님께서 원하시는 것을 하고 있지 않다는 것이었습니다. 매주 교회의 모든 모임에 빠지지 않고 참석하여 성경 말씀이 선포되는 것을 빠짐없이 듣는다면 당신은 올바른 길을 가고 있는 것입니까? 그것이 예수님께서 말씀하신 것입니까?

나는 교회의 여러 모임에 참석하지 말라고 이야기하고 있는 것이 아닙니다. 우리는 선포되는 하나님의 말씀을 들어야 합니다. 그러나 그것이 하나님의 말씀에 대한 순종의 전부입니까?

이해면 충분한가

나는 "배지를 단 사람들"을 능가하는 두 번째 그룹을 만났습니다. 이 두 번째 그룹은 이렇게 말하곤 했습니다. "예, 말씀을 듣는 것은 좋은 일입니다. 그러나 또 한 단계가 있습니다. 우리는 말씀을 듣고 이해해야 합니다. 말씀을 깨달아야 합니다."

이 그룹의 사람들은 그들이 "젖"이 아니라 "단단한 음식"을 먹을 수 있는 것에 대해 스스로 매우 만족스러워하고 있었습니다(히브리서 5:12-14 참조). 매 주일 목사가 프로젝터를 사용하여 말씀을 가르칩니다. 목사는 한 구절 한 구절 자세히 가르칩니다. 이 그룹은 제목 설교보다는 성경 말씀이 "기록된 그대로" 가르쳐지기를 원합니다. 한 구절씩, 한 장씩, 한 책씩, 매주, 매월, 매년 자세히 가르쳐 주기를 원하고 있습니다.

교회에 오래 나가면 나갈수록 성경을 더욱 많이 이해하게 됩니다. 헬라어 동사의 시제를 배우고 그것이 어떻게 성경 말씀을 이해하는 데 새로운 빛을 던져 주는가를 깨닫습니다. 또 바울, 사울, 베드로와 같은 이름이 무엇을 의미하는가를 이해합니다. 알기 어렵고 분명치 않았던 구절들이 요한복음 3:16처럼 분명하게 이해됩니다. 이 그룹에게는 성경 말씀을 이해하는 것이 하나님과 더불어 올바른 길을 가고 있다고 생각합니다.

나도 역시 말씀을 이해하는 것에 대해서는 찬성입니다. 실제로 예수님께서는 이렇게 가르치셨습니다. "좋은 땅에 뿌리웠다는 것은 말씀을 듣고 깨닫는 자니 결실하여 혹 백 배, 혹

육십 배, 혹 삼십 배가 되느니라 하시더라"(마태복음 13:23).

첫 번째 그룹이 말씀을 듣는 데 시간을 들이는 것이 잘하는 일인 것처럼, 두 번째 그룹이 말씀을 분명히 이해하기 위해 배고파하고 목말라하는 것은 분명 잘하는 것입니다. 이 그룹에게 "계속 열심히 하십시오"라고 성원을 보냅니다. 그러나 이것이 순종의 전부입니까?

가르치는 것이 그 답인가

한 단계 더 나아가서 세 번째 그룹이 있습니다. 이 그룹에 속한 사람들은 말씀을 듣는 자들을 칭찬합니다. 또 말씀을 이해하려고 하는 자들을 칭찬합니다. 이들은 이렇게 덧붙입니다. "그러나 듣고 이해하는 것만으로는 부족합니다. 하나님의 말씀을 다른 사람들에게 가르칠 수 있어야 합니다."

우리가 어떤 것을 가르쳐 줄 수 있을 때까지는 아무것도 진정으로 우리 것이 아니라는 것은 사실입니다. 특히 성경 말씀에 있어서는 그렇습니다. 성경 말씀을 공부할 때 당신이 그 말씀을 참으로 이해하고 있다는 가장 분명한 증거는 그것을 다른 사람에게 설명할 수 있는 것입니다.

그러므로 세 번째 그룹은 말씀을 가르치는 자가 되도록 돕는 데 강조를 두어야 한다고 강하게 주장합니다. 성경을 가르칠 수 있는 자가 되는 것은 분명 좋은 일입니다. 교회, 신학교,

또는 기타 기관들이 말씀을 가르치는 자들을 배출하는 것으로 보아 이 그룹은 하나님께서 원하시는 일을 하고 있다고 믿습니다. 이 그룹의 사람은 이렇게 말합니다. "결국 좋은 성경 교사가 말씀을 분명하게 설명한다면 듣는 사람들의 삶이 변하지 않겠습니까? 그들은 더 사랑스럽고 친절하고 관대하고 기쁨과 감사가 차고 넘치는, 더 나은 사람들이 되지 않겠습니까?" 그래서 그들은 오로지 가르치는 일에만 전념합니다. 그러나 이것이 순종의 전부입니까?

말씀을 행하는 자

이 글을 읽으면서 당신은 좀 당황할지도 모르겠습니다. 이 세 그룹 모두에 동의하면서 이렇게 반문할지도 모릅니다. "목사님이 주일 아침 예배 때 다음 집회 – 그것이 무엇이든 – 에 나오도록 교인들에게 권면하는 것은 당연하지 않습니까? 와서 들으라고 그는 말할 것입니다. 그리고 성경을 이해하는 것이나 그것을 다른 사람들에게 명확하게 가르칠 수 있는 것에 무슨 잘못이 있을 수 있겠습니까?" 그러나 이것이 순종의 전부는 아닙니다. 이것으로는 부족합니다. 누가복음 6:47-49에 있는 예수님의 말씀을 깊이 생각해 보십시오.

> 내게 나아와 내 말을 듣고 행하는 자마다 누구와 같은 것을 너희

에게 보이리라. 집을 짓되 깊이 파고 주초를 반석 위에 놓은 사람과 같으니 큰물이 나서 탁류가 그 집에 부딪히되 잘 지은 연고로 능히 요동케 못하였거니와, 듣고 행치 아니하는 자는 주초 없이 흙 위에 집 지은 사람과 같으니 탁류가 부딪히매 집이 곧 무너져 파괴됨이 심하니라…

이것은 두 건축자의 이야기입니다. 둘 다 열심히 일했습니다. 둘 다 한낮의 태양 아래서 땀을 흘렸습니다. 한 집이 다른 집보다 더 크거나 멋있었다는 증거는 없습니다. 그러나 홍수가 났을 때 한 집은 무너졌고 한 집은 무사했습니다. 왜 그랬습니까? 한 집은 기초가 없이 집을 지었고, 다른 한 집은 견고한 기초를 가지고 있었기 때문입니다.

이것은 두 가지 삶을 보여 주고 있다고 예수님께서는 말씀하셨습니다. 하나는 어려움이 올 때 무너졌고, 다른 하나는 어려움이 왔어도 흔들리지 않고 견고했습니다. 차이는 말씀에 대한 그들의 응답에 있었습니다. 둘 다 말씀을 들었으나 한 사람만 그 들은 말씀에 순종했고 그는 칭찬을 받았습니다.

듣고, 이해하고, 가르치는 것은 좋습니다. 그러나 행하는 것이 반드시 따라야 합니다. 행하지 않으면 결국 파멸에 이를 것입니다. 아무리 많이 알고 있고, 아무리 잘 이해하고 있고, 아무리 잘 가르칠 줄 알아도, 행하지 않으면 무너지기 쉽습니다.

예수님께서는 요한복음 14:6에서 자신이 하나님께로 이르는 유일한 길이라고 말씀하셨습니다. 위의 "두 집" 이야기에서 예수님께서는 예수님의 말씀에 대한 순종이 지금 이 땅에서 복된 삶을 사는 유일한 길이라고 말씀하고 계십니다.

행하십시오. 아주 간단한 말이지만 아주 엄청난 결과를 가져옵니다. 예수님께서는 이것에 대하여 여러 번 강조하셨습니다.

예수의 모친과 그 동생들이 왔으나 무리를 인하여 가까이 하지 못하니 혹이 고하되 "당신의 모친과 동생들이 당신을 보려고 밖에 섰나이다." 예수께서 대답하여 가라사대 "내 모친과 내 동생들은 곧 하나님의 말씀을 듣고 행하는 이 사람들이라" 하시니라. (누가복음 8:19-21)

이 말씀을 하실 때에 무리 중에서 한 여자가 음성을 높여 가로되 "당신을 밴 태와 당신을 먹인 젖이 복이 있도소이다" 하니, 예수께서 가라사대 "오히려 하나님의 말씀을 듣고 지키는 자가 복이 있느니라" 하시니라. (누가복음 11:27-28)

예수님께서 말씀하고 계시는 바는 분명합니다. 당신이 그리스도인이라면 그리스도인답게 살라는 것입니다. 당신이 그리스도인이라고 주장한다면 그리스도인처럼 사십시오. 당신이 그리스도를 주님이라고 부르고 있다면 주님께서 말씀하시는 대로 사십시오.

실제적인 경험

도슨 트로트맨은 하나님의 말씀을 굳게 붙잡는 법을 보여주기 위해 한 가지 예화를 만들었습니다. 그는 그것을 "말씀의 손 예화"라고 불렀습니다. 말씀을 우리 삶에 받아들이는 방법들을 나타내기 위해 다섯 손가락을 사용했기 때문입니다. 새끼손가락은 말씀을 듣는 것을, 약지는 말씀을 읽는 것을, 가운뎃손가락은 말씀을 공부하는 것을, 집게손가락은 말씀을 암송하는 것을, 엄지는 말씀을 묵상하는 것을 나타내고 있습니다. 각각과 관련 성경 말씀을 들면 다음과 같습니다.

듣기. "너희는 도를 행하는 자가 되고 듣기만 하여 자신을 속이는 자가 되지 말라"(야고보서 1:22).

읽기. "평생에 자기 옆에 두고 읽어서 그 하나님 여호와 경외하기를 배우며 이 율법의 모든 말과 이 규례를 지켜 행할 것이라"(신명기 17:19).

공부. "내 아들아, 네가 만일 나의 말을 받으며 나의 계명을 네게 간직하며, 네 귀를 지혜에 기울이며 네 마음을 명철에 두며, 지식을 불러 구하며 명철을 얻으려고 소리를 높이며, 은을 구하는 것같이 그것을 구하며 감추인 보배를 찾는 것같이 그것을 찾으면, 여호와 경외하기를 깨달으며 하나님을 알게 되리니… 지혜가 너로 선한 자의 길로 행하게 하며 또 의인의 길을 지키게 하리니"(잠언 2:1-5,20).

암송. "오직 그 말씀이 네게 심히 가까워서 네 입에 있으며 네 마음에 있은즉 네가 이를 행할 수 있느니라"(신명기 30:14).

묵상. "이 율법책을 네 입에서 떠나지 말게 하며 주야로 그것을 묵상하여 그 가운데 기록한대로 다 지켜 행하라. 그리하면 네 길이 평탄하게 될 것이라 네가 형통하리라"(여호수아 1:8).

각 구절의 공통된 내용에 주목하십시오. 성경을 섭취하는 목적은 그것을 행하고 그것에 순종하며 그것을 지키기 위함입니다. 결코 이 핵심을 놓치지 마십시오.

위클리프 성경 번역 선교회의 어느 글에서 읽은 내용입니다. 남아메리카 서부의 밀림에 사는 한 인디언 부족의 추장인 모란은 이렇게 말했습니다. "아내가 잘못된 것을 할 때 내가 아내에게 '여보, 하나님의 말씀은 이러 이렇게 말씀하고 있소'라고 말합니다. 아내는 성경을 건네받고 혼자서 그 말씀을 읽고 그다음에는 더 이상 그런 일을 하지 않습니다. 내가 해서는 안 되는 것을 할 때면 아내가 내게 부드럽고 온유하게 말합니다. '여보, 하나님의 말씀은 이러 이렇게 말씀하고 있지 않은지요?' 그러면 이번에는 내가 그 말씀을 읽고 하나님의 도우심으로 다시는 그것을 하지 않습니다."

정말 놀랍지 않습니까? 전 세계의 모든 신자가 이 부부처럼 성경 말씀에 순종하는 일에 헌신되어 있다면 교회는 부흥할 것이며 신자들의 삶은 거룩하게 될 것이며 세계가 복음화될 것입니다. '생활 방식으로서의 전도'에 대한 책들도 많고 이야기도 많습니다. 그러나 그것은 먼저 순종이 생활 방식이 될 때까지는 결코 일어나지 않을 것입니다. 효과적인 증인이 되기 위해서는 성령으로 충만해야 합니다. 성령께서는 하나님의 말씀에 불순종하며 살고 있는 사람들을 통해 역사하지 않으십니다.

바울은 로마 성도들에게 보내는 편지에서 순종의 필수성을 강조했습니다.

> 그로 말미암아 우리가 은혜와 사도의 직분을 받아 그 이름을 위하여 모든 이방인 중에서 믿어 순종케 하나니. (로마서 1:5)

> 나의 복음과 예수 그리스도를 전파함은 영세 전부터 감취었다가 이제는 나타내신 바 되었으며, 영원하신 하나님의 명을 좇아 선지자들의 글로 말미암아 모든 민족으로 믿어 순종케 하시려고 알게 하신 바 그 비밀의 계시를 좇아 된 것이니, 이 복음으로 너희를 능히 견고케 하실 지혜로우신 하나님께 예수 그리스도로 말미암아 영광이 세세무궁토록 있을지어다. 아멘. (로마서 16:25-27)

불순종의 위험

우리 주님께서는 죽기까지 충성하는 제자, 평생토록 하나님 나라의 일에 수고하는 일꾼들을 원하십니다. 주님께 순종하는 것은 주님의 군대의 "전투 가능 병력" 명단에 계속 들어 있기 위한 가장 중요한 열쇠입니다. 우리가 주님의 뜻과는 반대로 살고 있다면 주님께서 어떻게 우리를 이끌 수 있겠습니까? 우리가 예수 그리스도 안에서 하나님께서 위에서 부르신 부름의 상을 향해 좇아간다면, 성령께서는 우리의 삶 가운데서 강하게 역사하셔서 우리로 하여금 세상, 육신, 마귀를 이길 수 있게 해 주실 것입니다. 우리는 단지 사상자 명단에서 제외되는 것이 아니라 성령께서 주시는 기쁨과 확신을 가지고 앞으로 나아갈 것입니다.

영적 전쟁터에서 싸우고 있는 그리스도인에게는 진짜 위험이 있습니다. 고린도전서 9:26-27에 이렇게 말씀하고 있습니다. "그러므로 내가 달음질하기를 향방 없는 것같이 아니하고 싸우기를 허공을 치는 것같이 아니하여, 내가 내 몸을 쳐 복종하게 함은 내가 남에게 전파한 후에 자기가 도리어 버림이 될까 두려워함이로라." 생각해 보십시오! 위대한 사도 자신이 길을 가다가 어느 지점에서 적에게 굴복할 수도 있다는 것을 염려하고 있습니다. 같은 편지의 후반부에서 바울은 이렇게 경고합니다. "그런즉 선 줄로 생각하는 자는 넘어질까 조심하라"(고린도전서 10:12).

최근 나는 이 면에서 내 자신의 삶을 위해 열심히 기도하고 있습니다. 성령께서는 나에게, 나보다 훨씬 경건하고 훨씬 더 헌신되고 훨씬 더 열매 맺는 삶을 산 사람들도 도중에 영적 전투를 그만두었다는 사실을 상기시켜 주셨습니다. 어떤 이는 세상의 유혹에 떨어졌고, 어떤 이는 자신의 육체의 욕구에 떨어졌고, 어떤 이는 마귀의 계략에 떨어졌습니다. 이런 사례를 일

일이 다 열거할 필요는 없을 것입니다. 당신도 역시 그런 일들이 일어나는 것을 보았을 것이며, 틀림없이 마음이 아팠을 것입니다. 이러한 비극은 우리에게, 삼가 깨어 자신을 지키며 조심할 것을 일깨워 줍니다.

사상자 명단에 있는 사람들을 위해

당신은 영적으로 무력하게 된 사람들 가운데 있지 않기를 바랄 것입니다. 그런데 만일 당신이 그런 사람들 가운데 있으면 어떻게 해야 합니까? 어떤 사람이 전쟁터를 떠나 지금 길가에서 초췌한 모습으로 방황하며 힘없이 살고 있다면 어떻게 해야 합니까?

희망은 있습니다. 당신이 사상자 명단에 올라 있고 "다시 전선으로 복귀"하기를 원한다면 다음의 제안을 하고자 합니다.

1. "계속 전진하고 있는 사람들"에게로 가서 도움을 청하십시오. 십중팔구 그 사람이 자주 당신을 만나 당신을 격려하고 당신이 혼자 설 수 있도록 도와주며 당신이 다시 올바른 방향으로 나아가도록 도와줄 것입니다.

2. 그 사람에게 당신을 위해 기도해 달라고 부탁하십시오. 야고보서 5:16 말씀을 기억하십시오. "이러므로 너희 죄를 서로 고하며 병 낫기를 위하여 서로 기도하라. 의인의 간구는 역사하는 힘이 많으니라."

3. 다시 시작할 힘과 용기를 주시도록 주님께 기도하십시오. 그만두기에는 너무 이르다는 것을 기억하십시오. 또한 다시 시작하기에 너무 늦은 법도 없다는 사실을 기억하십시오. 하나님께서는 당신이 다시 전투 현장으로 복귀하는 것에 당신보다 훨씬 더 관심을 가지고 계십니다. 당신을 돕기 위해 바로 거기에 계실 것입니다. 당신이 손을 내밀기를 기다리고 계십니다. 그리고 주님의 강한 손으로 당신을 강하게 붙들어 주기를 고대하고 계십니다(이사야 41:10).

4. 말씀 속으로 들어가십시오. 예수님의 기도를 기억하십시오. "저희를 진리로 거룩하게 하옵소서. 아버지의 말씀은 진리니이다"(요한복음 17:17). 성령께서 성경 말씀을 사용하셔서 곤경에서 당신이 빠져 나와 먼지를 떨어 버리고 전쟁터로 복귀하도록 당신을 인도하시고 강하게 하시고 동기를 부여해 주실 것입니다.

5. 너무 빨리 너무 많이 할 수 있기를 기대하지 마십시오. 당신의 약해진 "기도의 무릎"은 처음에는 기운차고 튼튼한 기도 생활을 지탱하지 못할 것입니다. 말씀에 대한 당신의 식사 용량도 일시적으로 줄어들지 모릅니다. 당신은 당분간 어떤 유혹에 계속 취약할 수도 있을 것입니다. 낙심하지 마십시오. 가치 있는 것은 아무것도 쉽게 얻지 못하는 법입니다. 이를 악물고 각오하십시오. "하나님의 은혜로 기필코 내가 다시 돌아갈 것이다!"라고.

6. 당신이 하나님의 자녀이며 승리는 당연히 당신의 것이라

는 사실을 기억하십시오. 하나님께서 당신에게 승리를 주시리라고 하나님을 믿으십시오. 고린도전서 15:57을 주장하십시오. "우리 주 예수 그리스도로 말미암아 우리에게 이김을 주시는 하나님께 감사하노니."

그렇습니다. 당신은 다시 넘어질 수도 있습니다. 그러나 거기에 속지 마십시오! 바울은 "거꾸러뜨림을 당하여도 망하지 아니"한다고 했습니다(고린도후서 4:9). 권투 용어로 말하면 우리는 "다운"은 될 수 있어도 "녹아웃"은 결코 당하지 않습니다. 그것이 하나님의 모든 자녀들의 유산이라는 사실에 대해 하나님께 감사하십시오.

하나님의 은혜로 당신이 이 영적 전쟁에서 계속 전진하며 싸울 수 있기를 기도합니다. 그리스도로 말미암아 하나님 나라는 결국 승리할 것입니다. 하나님 나라의 승리는 보장되어 있습니다. 우리가 하나님과 함께 있다면 승리는 또한 우리의 것입니다!

믿음의 선한 싸움

초판 1쇄 발행 : 1988년 5월 10일
개정 1쇄 발행 : 2020년 9월 15일

펴낸곳 : 네비게이토 출판사 ⓒ
주소 : 03784 서울시 서대문구 연희로 16 (창천동)
전화 : 334-3305(대표), 334-3037(주문), FAX : 334-3119
홈페이지 : http://navpress.co.kr
출판등록 : 제10-111호(1973년 3월 12일)
ISBN 978-89-375-0587-4 03230

본 출판사의 서면 허락 없이는 본서의 전부 또는
일부의 무단 복제, 또는 원문에 대한 무단 번역을 금합니다.